DIE TOTEN SIND NICHT TOT

von

HINRICH OHLHAVER

ISBN 3-923 781-19-9

Zuerst erschienen 1918 in Hamburg.

1. Auflage 1987

Umschlag; Gundula Koch-Lüttel, Berlin

Vignetten: Katrin Dzenus, Berlin

Herstellung: KRUPP-DRUCK, Sinzig

Printed in Germany

Verlag *"DIE SILBERSCHNUR"* GmbH
D 5451 MELSBACH/NEUWIED, Gartenstr. 15

DIE TOTEN SIND NICHT TOT

von

HINRICH OHLHAVER

Verlag *"Die Silberschnur"* GmbH
Melsbach/Neuwied

ZU DIESEM BUCH

In diesem vorliegenden zweiten Teil von Ohlhavers dreibändigem
Werk "DIE TOTEN LEBEN" geht der Autor unter Wiedergabe
der Gespräche zwischen dem Hamburger Kaufmann Tomfohrde
und dem Zimmermann Tambke mit dem Materialismus und seinem radikalen Verstandesdenken streng ins Gericht. Denn die in
Séancen sich manifestierenden Phänomene, welche unzweideutig
auf das Vorhandensein eines Jenseits weisen und eine Kommunikation mit dessen Bewohnern wie auch deren Erscheinungen als
Tatsache bestätigen, lassen den Materialismus, der bei uns auch
heute noch die Grundlage eines wissenschaftsorientierten Weltbil-
des ist, geradezu engstirnig, weil unwissend, erscheinen.

Heute im Zuge eines Schmelzens der materialistischen Doktrinen
(u.a.: Es gibt weder ein Jenseits noch ein Leben nach dem Tod)
beweisen couragierte Wissenschaftler wie Elisabeth Kübler-Ross,
Raymond Moody, Michael Sabom, Kenneth Ring u.a. zum Ent-
setzen vieler ihrer noch im alten Denken verhafteten Kollegen, daß
es ein Leben nach dem Tod aufgrund ihrer Forschungsergebnisse
gibt oder dieses zumindest wahrscheinlicher als dessen Gegenteil
ist. Endlich scheint das Eis zu brechen, das dem Spiritualismus
den Weg zu einer allgemeineren Anerkennung versperrte.

Trotzdem fand Ohlhavers Buch "DIE TOTEN LEBEN" schon
innerhalb weniger Jahre nach seinem Erscheinen im Jahre 1916

eine halbe Million Käufer und dürfte damals von weit mehr Menschen gelesen worden sein. Dieses wie auch das hier vorliegende Buch haben Hunderttausenden von Menschen nach dem 1. Weltkrieg Hoffnung und Trost durch die Zuversicht auf ein jenseitiges Leben und ein Wiedersehen mit den Verstorbenen gebracht.

Der heutige Leser wird beide Bücher mit gleicher Spannung lesen, wie jene Leser der 20-iger Jahre. Wurde im ersten Band von ''DIE TOTEN LEBEN'' das Medium Elisabeth Tambke und dessen erstaunliche Fähigkeiten vorgestellt, so steht im Mittelpunkt des 2. Bandes der Kaufmann Tomfohrde, der, wie im 1. Band beschrieben, aus der jenseitigen Welt dem jungen Medium in so großartiger Weise bei allen Phänomenen behilflich war. Tomfohrde hatte den Spiritismus in Amerika kennengelernt und erzählt nun alles über diesen seinem Gesprächspartner ''Vater'' Tambke, Zimmermann und Vater des Mediums.

Somit erfährt der Leser nicht nur über die jüngere Geschichte des Spiritismus und seinen Kampf mit der Kirche und dem Materialismus, sondern ihm wird erklärt, wie er zum einen selbst Geistheilungen vornehmen kann, und zum anderen, wie mit Freunden Séancen durchzuführen sind, um erfolgreich mit den Jenseitigen in Kontakt treten zu können und sich somit eventuell selbst als Medium ausbilden zu lassen.

''Vater'' Tambke hatte sich damals genau an diese Anweisungen gehalten. Mit ihm und jeweils zwei seiner Töchter und Söhne sowie drei weiteren Bekannten fanden nun regelmäßig Sitzungen statt. Bald schon ''kippte'' der Tisch ''von allein'', oder Gegenstände bewegten sich durch Geisterhand. Später fielen zwei der Sitzungsteilnehmer in Trance, und es verkündeten sich Verstorbene durch sie. Bald levitierten Gegenstände, und Hände materialisierten sich derart kompakt, daß man sie schütteln konnte. Diese schrieben oftmals Botschaften ''direkt'' nieder.

Gegenstände wurden nach weiteren Monaten des wöchentlichen Zusammenkommens von außerhalb des Zimmers durch die Wand herbeigebracht, das heißt, sie waren zuvor dematerialisiert worden und materialisierten sich vor aller Augen. Schließlich trat Hellsichtigkeit auf, und endlich nach über einem Jahr materialisierten sich die ersten Verstorbenen, die sich nicht nur anfassen ließen, sondern sich den Anwesenden sogar auf den Schoß setzten und eindeutig als einen oder eine ihrer Verstorbenen indentifiziert wurden.

Dieses Buch wird den Leser sicherlich in eine ähnlich faszinierende Spannung versetzen, wie es des Autors erstes Buch ''DIE TOTEN LEBEN'' in überzeugender Brillianz vermochte.

Der vorliegende Text ist der 5. Auflage 1918 entnommen und, von der veränderten Rechtschreibung einmal abgesehen, nur in ganz wenigen unserem heutigen Sprachempfinden antiquiert erscheinenden Ausdrücken verändert worden.

INHALTSVERZEICHNIS

1. Tomfohrde und Tambke werden miteinander bekannt 11

2. Tomfohrde rechnet mit dem Materialismus und mit der Kirche ab 23

3. Tomfohrde gibt einen geschichtlichen Überblick über den Spiritismus 35

4. Tomfohrde erläutert den Somnambulismus 44

5. Tomfohrde beleuchtet die gesundheitlichen Verhältnisse 59

6. Tomfohrde gibt Anweisungen für das magnetische Heilverfahren 69

7. Tomfohrde erteilt Anweisungen über spiritistische Sitzungen 90

8. Die Wissenschaft und ihre Stellung zum Spiritismus 111

9. Tambke setzt die Belehrungen von Tomfohrde in die Praxis um 124

10. Für und Gegen 136

I.

TOMFOHRDE UND TAMBKE WERDEN MITEINANDER BEKANNT

An die Tür war geklopft worden, und der eintretende Mann in schlichter Kleidung wurde freudig begrüßt von dem Herrn, der im Zimmer anwesend war.

"Guten Tag, lieber Tambke. Es freut mich, daß Sie meiner Aufforderung gefolgt sind, mich zu besuchen. Machen Sie es sich im Sessel bei mir bequem, und wenn Sie wollen, stecken Sie sich eine von diesen Zigarren an."

Tambke legte Hut und Mantel ab, zündete eine der angebotenen Zigarren an und setzte sich an den Tisch. Sein Gegenüber war ein großer und breitschultriger, schon etwas beleibter Herr namens Tomfohrde. Die hohe Gestalt mit dem mächtigen Kopf und dem Backenbart nach englischer Art würde etwas Gebietendes gehabt haben, wenn nicht der liebenswürdige Ausdruck im Gesicht und die heiteren, mit goldener Brille versehenen Augen gewesen wären, die ihn mehr als einen Gelehrten erscheinen ließen. Dieser Eindruck wurde durch die ruhige Gelassenheit in seinen Bewegungen und in seiner Sprechweise noch erhöht.

Tambke war wohl einen halben Kopf kleiner als Tomfohrde und lebhafter in der Bewegung. Sein muskulös und sehnig gebauter Körper zeugte von Kraft und Geschicklichkeit, und die blitzenden Augen ließen Tatkraft und Intelligenz erkennen. Ein kurzer Vollbart vervollständigte die männliche Erscheinung. Er war der ausgesprochene Typ eines aufgeweckten, selbstbewußten Handwerkers.

''Ich fürchtete fast'', nahm Tomfohrde das Gespräch wieder auf, ''daß Sie nicht kommen würden.''

''Warum nicht, Herr Tomfohrde? Ich habe mir freilich den Kopf schon darüber zerbrochen, was der Zweck Ihrer Einladung sein soll.''

''Darüber will ich gleich mit Ihnen sprechen. Zuvor möchte ich Sie noch bitten, mich einfach Tomfohrde zu nennen. Den ''Herrn'' schenke ich Ihnen. In einem bekannten Kreise hörte ich über das Verhältnis reden, das zwischen Ihnen und Ihrer Frau bestanden hat!''

''Meine Frau ist tot. Sie starb vor etwa zwei Jahren, zu früh für mich und für meine Kinder.''

''Verzeihen Sie, daß ich an eine Wunde gerührt habe, die noch nicht vernarbt ist.'' ''Vernarbt ist?'' fragte Tambke mit bitterem Ausdruck zurück. ''Niemals. Meine Frau war mein eigentliches Glück, und seit ihrem Tode ist mir alle Freude am Leben genommen.''

''Wenn sie nun aber gar nicht tot wäre, wenn sie doch noch lebt und Ihnen nahe ist, obgleich Sie sie nicht sehen können'', wandte Tomfohrde freundlich ein.

Tambke schaute seinen Gastgeber kritisch prüfend an. Dann sagte er: "Geben Sie sich keine Mühe. Ich weiß schon, worauf es hinaus soll. Sie wollen mir mit kirchlichen Tröstungen Hoffnungen machen. Worte, nichts als Worte, die manchmal gut gemeint sein mögen, aber doch nur Redensarten bleiben und den Schmerz nicht lindern können."

"Ich will Sie nicht mit kirchlichen Sprüchen über Ihren Schmerz hinwegtäuschen. Zwei meiner Brüder sind allerdings Geistliche in Amt und Würden, und so liegt es nahe zu glauben, daß auch ich kirchlich gesinnt sei. Das stimmt jedoch nicht. In langen Jahren des Studiums und sorgsamer Beobachtung habe ich das Morsche und Hohle der kirchlichen Glaubenslehre erkannt. Sie ist nur noch eine leere Schale, eine Form, ein theologisches System, ein Kampf um Worte. Der lebenspendende Inhalt ist längst daraus entschwunden. Nein, Freund, mit konfessionellen Dogmen wollte ich Sie nicht langweilen. Ich wollte mit Ihnen reden über tatsächliche Beweise der Unsterblichkeit."

"Das wäre ein Gegenstand, um den zu streiten noch der Mühe lohnt. Wer mir Beweise dafür bringen könnte, dem wollte ich dankbar sein für mein ganzes Leben. Aber es ist ja Unsinn. Solche Beweise gibt es nicht und kann es auch nicht geben."

"Das ist ganz derselbe Standpunkt, den auch ich früher eingenommen habe, und doch habe ich diesen Standpunkt verlassen müssen, nicht weil ich wollte - ich habe mich vielmehr mit allen mir zur Verfügung stehenden Gründen dagegen gewehrt, - sondern weil ich Tatsachen kennenlernte, handgreifliche Beweise, so, daß mir kein Ausweg blieb. Ich mußte vor der Macht der Tatsachen die Waffen strecken."

"Sie machen mich wirklich begierig, genaueres zu erfahren."

"Ich war neulich besuchsweise bei Ihrem Freunde Kardinal, mit dem ich lange Jahre in Amerika zusammen gelebt habe, und dieser erzählte mir von Ihnen, daß Sie früher ein so lebensfroher Mensch gewesen seien, der allgemein als "der lustige Tambke" bekannt war, daß Sie aber seit dem Tode Ihrer Frau allen Lebensmut verloren hätten und den Kopf hängen ließen. Diese Mitteilung veranlaßte mich, Sie um einen Besuch zu bitten, um mich mit Ihnen über den Spiritismus zu unterhalten."

"Sie wollen doch nicht etwa sagen, daß Sie an solchen Schwindel glauben?"

"Es handelt sich nicht um einen Glauben, Tambke, sondern um Tatsachen, die ich kennengelernt und mit eigenen Augen geschaut habe."

"Glaubt Kardinal denn auch an solche Geschichten", fragte Tambke spöttelnd.

"Ja. Er hat den Spiritismus in Amerika kennengelernt und ist von dessen Wahrheit völlig überzeugt."

"Dann verstehe ich nicht, warum er mir nie ein Wort darüber gesagt hat. Seit zwei Jahren verkehre ich als Freund häufig in seinem Hause, und doch hat er niemals ein Wort über diesen Gegenstand verloren."

"Das kann ich gut begreifen. Kardinal hat hier in Stade seinen Beruf, ist ein gut beleumundeter Mann, und so fürchtet er, sich lächerlich zu machen, wenn es bekannt wird, daß er an Spiritismus glaubt und überzeugter Spiritist ist. Die große Masse glaubt noch nicht daran. Sie spottet darüber. Einer betet es dem anderen nach, daß es sich nur um Schwindel handeln kann, und die Tageszeitungen machen sich ein Vergnügen daraus, gelegentlich über spiritistischen Aberglauben spaltenlange Artikel zu schreiben. Aber keiner dieser Leute hat sich bemüht, von den Tatsachen, die zu Tausenden existieren, eine kennenzulernen oder sich auch nur theoretisch aus den vielen Büchern über diesen Gegenstand zu unterrichten."

"Wenn der Spiritismus eine Wahrheit ist, wie Sie behaupten, so müßte sich doch ein Weg finden lassen, um die Menschheit davon zu überzeugen. Gibt es einen solchen Weg und gibt es entsprechende Beweise?"

"Ihre Fragen bereiten mir Freude, zeigen Sie damit doch, daß Sie schon einen wärmeren Anteil an dem Gegenstande nehmen."

"Ich habe bis jetzt nur Spöttereien über den Spiritismus gehört, und heute zum erstenmal wird mir gesagt, daß die Sache doch eine wahre Seite hat. Mein einfacher Verstand sagt mir, daß der Spiritismus etwas Großes und Erhabenes sein muß, wenn er wahr wäre. Es kommt eben alles auf den Beweis an."

"Das ist ein vernünftiger und praktischer Standpunkt, und daran wollen wir festhalten. Es kommt in der Tat alles darauf an, den Beweis zu führen und nachzuweisen, daß die spiritistischen Geschehnisse keine Täuschungen sind, sondern Tatsachen, wirkliche und wahrhaftige Tatsachen. Ich bin außerordentlich erfreut darüber, daß Sie sich auf eine so gesunde Grundlage stellen."

"Ich begreife nicht, daß Sie über meine Haltung so viele Worte machen. Ich stehe allen Ihren Angaben ungläubig gegenüber. Können Sie mir aber den kleinsten Beweis liefern, daß es sich nicht um Phantastereien, sondern um Tatsachen handelt, dann bin ich Ihr Verbündeter und werde mit Eifer weitersuchen. Aber Tatsachen muß ich haben."

"Wenn jedermann diesen gesunden Standpunkt einnehmen würde, den Sie eben entwickelt haben, so wären wir viel weiter, und die ganze Menschheit würde einen ungeheuren Nutzen davon haben. Aber gerade gegen diesen eigentlich selbstverständlichen Standpunkt wird am meisten gesündigt. Man hält die berichteten Geschehnisse für vollkommen unmöglich und glaubt deshalb, einer Prüfung enthoben zu sein."

"Ob etwas möglich ist oder nicht, darüber kann doch nur die praktische Erfahrung entscheiden."

"Bravo, Tambke, Sie haben ein großes und wahres Wort gesprochen. Sie haben die Sachlage in das denkbar klarste Licht gerückt. Alles kommt auf die praktische Erfahrung an, ob etwas möglich ist oder nicht. Jedermann sollte diese einzig richtige Stellung einnehmen. Dann kommen wir sofort zu einem Programm, das jeder billigen muß und das für den Gelehrten eine ebenso bindende Richtschnur enthält wie für den Laien."

"Was, schon gleich ein Programm? Aber lassen Sie hören. Ein gutes Programm bietet Übersicht und führt leichter zur Klarheit."

"Dieses Programm würde etwa folgendermaßen lauten: Erstens: Es muß festgestellt werden, ob wirklich und wahrhaftig Tatsachen vorhanden sind, wie der Spiritismus solche behauptet. Zweitens: Sollte es sich ergeben, daß Tatsachen solcher Art wirklich bestehen, dann muß erforscht werden, welche Bedingungen nötig sind, um den Eintritt dieser Geschehnisse zu ermöglichen. Drittens ist Umschau zu halten, ob es ergänzende Mittel gibt, durch welche sich die Bedingungen noch günstiger gestalten lassen, um eine Steigerung der Tatsachen zu erreichen. Viertens muß die Erklärung für diese Tatsachen gesucht werden. Dieses Programm muß die Grundlage bilden, auf welcher Untersuchungen durchgeführt werden. Die Wissenschaft kann es unter Zuhilfenahme wissenschaftlicher Mittel tun, der Laie aber kann es unter Anwendung der Mittel des praktischen Lebens erreichen. So kommen alle Teile zu einem Ergebnis und arbeiten sich gegenseitig in die Hände."

"Das Programm, das Sie eben dargelegt haben, ist allerdings kurz und klar. Es läßt sich nichts dagegen einwenden, und es findet meinen ungeteilten Beifall."

"Diese Programm, Freund Tambke, ist nicht neu. Ich habe es nur kurz und bestimmt zusammengefaßt. Millionen von Menschen forschen schon auf dieser Grundlage und sind zu glänzenden und immer bedeutenderen Ergebnissen gekommen. In den Vereinigten Staaten von Nordamerika, wo ich mich 28 Jahre aufgehalten habe, hatte ich die beste Gelegenheit, meine Beobachtungen in immer steigendem Maße zu machen. Dort sind es bereits über zehn Millionen Einwohner, welche den Spiritismus geprüft haben und von dessen Tatsachen überzeugt sind. Ebenso ist es in den europäischen Ländern, wo die Zahl derer, welche die spiritistischen Tatsachen als wahr erkannt haben, fortlaufend steigt und immer größer wird."

"Ich bin überrascht, von Ihnen zu hören, daß der Spiritismus schon eine so gewaltige Zahl von Anhängern hat. Das habe ich nicht gewußt. Diese Millionen von Menschen können unmöglich lauter Narren sein. Es muß doch wohl mehr daran sein, als ich ahne."

"So ist es in der Tat. Der Spiritismus begann mit Tischrücken und Tischklopfen und hat inzwischen mächtige Fortschritte gemacht."

"Ich meine, der Spiritismus bestände in der Hauptsache nur aus Tischrücken!"

"Das waren nur die Anfänge, etwa so, als ob man einem Kinde das Laufen beibringt. Dieses Kind ist inzwischen schon zu einem Jüngling geworden, und es wird eine Zeit kommen, wo es als gereifter und unabhängiger Mann dastehen wird. Jetzt schon hat man es in vielen spiritistischen Kreisen dahin gebracht, daß die Verstorbenen sich sichtbar machen können, noch mehr, daß diese Verstorbenen sich auf kurze Zeit sogar verkörpern, anfaßbar und klar erkennbar, als wären sie noch Menschen von Fleisch und Blut."

Erregt sprang Tambke von seinem Sessel auf, schaute Tomfohrde finster an und sprach: "Ich bin nicht hierhergekommen, um einen Scherz mit mir treiben zu lassen. Wenn Sie einen Narren suchen, sind Sie bei mir an die verkehrte Adresse gekommen!"

Im Anschluß daran nahm Tambke Hut und Mantel und wollte das Zimmer verlassen. Tomfohrde eilte ihm nach, hielt ihn zurück und sagte: "Tambke, hier meine Hand und mein Manneswort dazu, daß es mir fernliegt, mit Ihnen zu scherzen. Was ich Ihnen eben erzählte, ist meine volle Überzeugung und das, was ich selbst erlebt und mit meinen Augen wahrgenommen habe. Diese Erlebnisse sind so echt und so wahr, wie es die Tatsache ist, daß wir beide uns hier gegenüberstehen."

Beruhigt, wenn auch noch zweifelnd, ließ Tambke sich wieder in seinen Sessel nieder; auch Tomfohrde nahm seinen alten Sitzplatz wieder ein.

"Ich bin vielleicht etwas zu stürmisch vorgegangen", begann Tomfohrde erneut. "Ich hätte von diesen großen und bedeutungsvolleren Erscheinungen noch nichts sagen sollen, jedenfalls nicht früher, als Sie mit dem Gegenstande unserer Unterhaltung mehr vertraut sein würden. Ich weiß, daß diese eben erwähnten Geschehnisse so wunderbar sind, daß sie mit allen unseren Auffassungen im Widerspruch zu stehen scheinen und deshalb geeignet sind, wenn man unvermittelt davon hört, denjenigen als einen Schwätzer erscheinen zu lassen, der davon erzählt. Sie selbst haben eben gezeigt, daß das die Wirkung ist, wenn man ohne ausreichende Vorbereitung vor derart seltsame Tatsachen gestellt wird. Von meinen Worten kann ich dennoch nichts zurücknehmen. Was ich Ihnen sagte, ist buchstäblich wahr. Ich muß Sie auch an Ihre eigenen Worte erinnern, daß alles auf den Beweis ankommt und daß nur die praktische Erfahrung darüber entscheidet, ob etwas möglich ist oder nicht."

"Alle Ihre Worte in Ehren, aber dieses Mal muß ich Sie doch bitten, mir eine Handhabe zu bieten, die es mir ermöglicht, nachzuprüfen, ob Sie mich nicht zum besten halten. Ihre Angabe, daß die Verstorbenen sich sogar verkörpern können, ist so unglaublich, daß Sie mir meine fortgesetzten Zweifel nicht verübeln dürfen. Ich frage Sie also, können Sie mir mit anderen Unterlagen dienen als nur mit Ihrem Wort?"

"Gerade jetzt hat ein Mann der Wissenschaft, nämlich William Crookes, seine jahrelangen Untersuchungen veröffentlicht. Crookes ist Physiker und Chemiker, er ist auf seinen Gebieten eine erste Autorität von Weltruf und hat eine Reihe von Erfindungen und Entdeckungen gemacht, die für die Naturwissenschaften von hoher Bedeutung sind. Zu seinen Untersuchungen auf spiritistischem Gebiet hat er gleichzeitig andere Männer der Wissenschaft hinzugezogen, die ebenso bedeutend und berühmt sind wie er selbst. Mehrere Jahre lang haben diese ersten Männer der Wissenschaft geprüft und haben die Prüfungen in exakter Weise nach wissenschaftlichen Methoden und unter Anwendung der feinsten wissenschaftlichen Mittel durchgeführt. Das Ergebnis war die einwandfreie Feststellung der Tatsachen. Verstorbene, die sich verkörperten, als wären sie noch Menschen von Fleisch und Blut, haben diese Männer der Wissenschaft nicht allein gemessen und gewogen, sondern auch fotografiert."

"Fotografiert?", wandte Tambke ein.

"Ja, fotografiert. Nicht einmal, sondern häufig, und zwar die verkörperten Gestalten manchmal allein, manchmal mit dem Medium und manchmal diese Gestalten zusammen mit dem Wissenschaftler Crookes auf ein und derselben fotografischen Platte."

"Das wäre freilich ein fabelhafter Beweis. Dann könnte es sich allerdings nicht mehr um Einbildung handeln. Wenn solche Bilder auf der fotografischen Platte erscheinen und noch obendrein von ersten und ernsten Männern der Wissenschaft bezeugt werden, dann können es keine Träume, dann muß es wahr und gegenständlich sein wie alles andere, das wir um uns herum wahrnehmen. Und dafür können Sie mir die Beweise geben?"

"Ich habe hier eine fortlaufende Anzahl von Nummern einer deutschen Zeitschrift, die sich "Psychische Studien" nennt. Darin finden Sie das, was ich Ihnen eben mit wenigen Worte sagte, in ausführlichen Berichten, zusammen mit den Abbildungen, klar und deutlich dargestellt. Die genannten Wissenschaftler haben selbst alle Einzelheiten angeführt, und daraus werden Sie ersehen, mit welcher Genauigkeit und peinlichen Sorgfalt diese Forscher die Prüfungen durchgeführt haben. Die Zeitschrift werde ich Ihnen mitgeben, und Sie können sie daheim studieren. Ich werde auch noch ein passendes Buch dazu legen."

"Vielen Dank, Tomfohrde. Ihre Darlegungen haben mich auf das lebhafteste angeregt und den Wunsch in mir erweckt, selbst praktische Erfahrungen zu machen. Darf ich auf Ihren Beistand hoffen?"

"Was ich dazu beitragen kann, Ihnen praktische Beweise zu liefern, das soll geschehen und sogar von Herzen gern. Lesen Sie erst die Drucksachen, die ich Ihnen mitgebe, und wenn es geschehen ist, kommen Sie wieder zu mir. Ich stehe jederzeit zu Ihrer Verfügung. Sobald Sie wiederkommen, wollen wir gemeinsam beraten, welchen Weg wir einschlagen können, um praktische Beweise für Sie zu erlangen."

"Abgemacht. Ich komme wieder, sobald ich die Druckschriften gelesen habe. Sie haben meinen Wissensdrang im höchsten Grade angeregt. Ich muß Klarheit haben und werde Ihnen wohl noch häufige Besuche machen müssen."

"Es soll mich freuen, und immer werden Sie willkommen sein. Und nun noch eins. Wir haben uns noch nicht näher bekanntgemacht. Es ist nicht gerade von wesentlicher Bedeutung, ergibt aber doch meistens einen freieren und zwangloseren Verkehr. Was meinen Sie, wenn wir es jetzt noch nachholen, ehe wir für heute voneinander scheiden?"

"Ich habe nichts dagegen einzuwenden", entgegnete Tambke. "Über mich ist freilich nicht viel zu sagen. Ich bin 1837 in Wilhelmsburg bei Hamburg geboren, bin also jetzt 43 Jahre alt, besuchte die Landschule, und nach meiner Konfirmation wurde ich Schiffszimmermann, welches Handwerk ich bis 1867 betrieb. Dieses Gewerbe gab ich auf, weil hölzerne Schiffe immer weniger gebaut werden und die Schiffszimmerei ständig weniger lohnend wird. Seitdem betreibe ich Handel. 1863 verheiratete ich mich mit Maria Behncke, und dieser Ehe sind sechs Kinder entsprossen, drei Knaben und drei Mädchen. Meine Frau starb, wie ich schon sagte, vor etwa 2 Jahren. Meine Tochter Elisabeth, genannt Betty, führt jetzt meinen Haushalt, dem sie ausgezeichnet vorsteht, obgleich sie erst 13 Jahre alt ist. Außer kleinen Ersparnissen besitze ich kein Vermögen. Das ist alles, was ich über mich zu sagen weiß."

"Ich danke Ihnen für diese Aufschlüsse, lieber Tambke, und will Ihnen in gleicher Weise über mich mit kurzen Worten dienen. Ich bin 1829 hier in Stade geboren. Mein Vater war Oberlehrer. Nach Absolvierung des Gymnasiums studierte ich Jura auf der Universität in Göttingen, mußte aber schon 1848 nach Amerika flüchten, weil ich als Student, ohne mein Zutun, in politische Händel verwickelt wurde. In New York, wohin ich mich gewandt hatte, mußte ich zunächst schwer um meine Existenz ringen, weil ich einen praktischen Beruf nicht erlernt hatte. Aber eine frühere Liebhaberei kam mir jetzt vorzüglich zustatten. Ich besaß eine große Vorliebe für die Malkunst und hatte es darin zu einer gewissen Fertigkeit gebracht, so daß ich Landschaften und noch besser Porträts in ganz annehmbarer Weise mit Ölfarben auf die Leinwand zu bringen vermochte. Als einst die Feuerwehr in New York eine Parade abgehalten hatte, stellte ich dieses Ereignis in Ölfarben bildlich dar und brachte das Bild in einem Schaufenster zur Ausstellung. Schon zwei Tage später war das Gemälde, wenn man es so nennen will, zu einem befriedigenden Preise verkauft. Wertvoller für mich war jedoch, daß ein bedeutendes Institut in New York durch das ausgestellte Bild auf mich aufmerksam wurde und mich mit einem Wochengehalt von 24 Dollar anstellte. Das war nach amerikanischen Begriffen ein karger Verdienst. Aber ich konnte leben und sogar noch Ersparnisse machen. Dies setzte ich mehrere Jahre hindurch fort. Inzwischen war die Fotografie erfunden. Von meinen Ersparnissen kaufte ich mir einen Apparat und wurde wandernder Fotograf. Die Vereinigten Staaten von Nordamerika und Kanada habe ich kreuz und quer mit meinem Fotografenapparat durchzogen und namentlich die Indianer- und Negerdörfer besucht. Die Einwohner eines solchen Dorfes stellte ich zu Gruppen zusammen und fotografierte sie. Die Bilder fanden reißenden Absatz und wurden hoch bezahlt. Länger als zwei Tage blieb ich nicht an einem Ort, dann wanderte ich schon weiter und hatte auf diese Weise immerwährenden und großen Absatz. In den Jahren habe ich mir damit ein kleines Vermögen erworben, und als ich zum Leben genug hatte, kaufte ich mir auf Jamaika einen Landsitz, wo ich mit einigen Dienern ganz für mich lebte. Jamaika ist eine britische Insel der Großen Antillen, östlich von Mittelamerika. Die Sehnsucht nach der Heimat veranlaßte mich, diesen Landsitz 1876 zu verkaufen und nach meiner Vaterstadt Stade überzusiedeln. Seitdem lebe ich hier als Junggeselle und habe mich ganz dem wissenschaftlichen Studium des Spiritismus und der damit verwandten Gebiete hingegeben."

"Es muß Wunderbares gewesen sein, was Sie in Amerika erlebt haben. Und 28 Jahre sind Sie dort gewesen?"

"Ja, 28 Jahre", antwortete Tomfohrde. "Es war ein abenteuerliches Leben. Immer auf der Wanderung, vom Atlantischen Ozean bis zum Stillen Ozean, von den kalten Regionen des nördlichen Kanada bis hinunter in die tropischen Zonen von Texas und Mexiko und dann hinüber nach Kuba und Jamaika, wo ich mich jahrelang festsetzte. Was ich auf diesen Wanderungen an überwältigender Größe und Schönheit der Natur gesehen habe, läßt sich in Worten nicht wiedergeben. Die Schilderungen würden nur einen matten Abglanz bieten. Aber dennoch werde ich Ihnen später davon erzählen, und manches aus dem Leben jenes bunten Völkergemisches wird Ihre Aufmerksamkeit fesseln. Aber für heute genug. Ich hoffe, Sie baldigst erneut als Gast begrüßen zu dürfen."

Damit verabschiedeten sich diese beiden Männer. Die Unterhaltung hatte im Anfang des Jahres 1880 in der Kreisstadt Stade stattgefunden, in der Wohnung von Tomfohrde. Erst die Folgezeit zeigte, welche große und weittragende Bedeutung diese erste Unterhaltung haben sollte.

II.

TOMFOHRDE RECHNET MIT DEM MATERIALISMUS UND MIT DER KIRCHE AB

Schon zwei Tage später stellte Tambke sich wieder bei Tomfohrde ein und wurde von diesem mit Herzlichkeit empfangen.

"So schnell hatte ich Ihr Wiederkommen freilich nicht erwartet. Haben Sie die Druckschriften denn schon gründlich durchstudiert?"

"Ich habe sie sogar zweimal gelesen. Es ließ mir keine Ruhe, ich mußte den Inhalt kennen und nahm zu meinem Studium auch noch die Nachtstunden zu Hilfe. Eins ist mir klar geworden: Der so arg verspottete Spiritismus birgt einen goldenen Kern und verdient die ernsteste Beachtung."

"Diese Erkenntnis bedeutet einen Fortschritt, und ich kann Ihnen schon heute sagen, daß Sie späterhin die Stunde glücklich preisen werden, die Sie mit dem Spiritismus bekannt werden ließ."

"Ich bewege mich noch zwischen Zweifel und Hoffen. Immerhin hat die Unterhaltung mit Ihnen und das Studium der mir geliehenen Bücher für mich den Vorteil gehabt, daß ich bereits viel ruhiger über das Ableben meiner lieben Frau nachdenken kann. Die Hoffnung hat mich erfaßt, daß sie doch noch lebt und häufig bei mir ist, wenn auch unsichtbar für mich."

"Halten Sie an diesem Glauben ruhig fest, daß Ihre Frau nicht tot ist, sondern persönlich weiterlebt, Sie liebevoll umschwebt und vielleicht öfter bei Ihnen weilt, als Sie ahnen."

"Herr Gott", rief Tambke aus, "müßte es herrlich sein, zu wissen, nicht nur zu hoffen und zu glauben, sondern wirklich und wahrhaftig zu wissen, daß wir persönlich weiterleben. Wenn ich dieses sichere Wissen erlangen könnte, so vermag ich mir vorzustellen, daß es der mächtige Antrieb für mich sein könnte, meine eigene Veredelung anzustreben. Meine Pflichten würde ich mit größerer Freude erfüllen, und frei könnte ich dem Tode entgegenblicken, der dann keine Schrecken mehr für mich haben würde."

"Also meinen Sie, daß der Spiritismus von Bedeutung für Sie sein würde, wenn er imstande wäre, Ihnen das sichere Wissen der Unsterblichkeit zu erbringen?"

"Noch weit mehr, als ich sagte. Es fehlt mir nur der Ausdruck, um die Gefühle, die mich bewegen, in Worte umzusetzen. Und wenn ich bedenke, daß nicht nur ich, sondern viele und schließlich alle dieses sichere Wissen erlangen, so kann ich mir vorstellen, daß jeder einzelne bemüht sein würde, seinen Gesinnungen dauernd eine höhere Richtung zu geben. Alle unter dem gleichen Antriebe bestrebt, sich zu vervollkommnen und sich dem folgenden Leben würdig zu erweisen, würde einen idealen Wetteifer aller ergeben, der schon hier auf Erden nach und nach zu Zuständen führen müßte, wie sie günstiger und vollkommener nicht gedacht werden könnten und wie sie, ohne eine solche Voraussetzung, durch politische und soziale Gesetzgebung vergeblich angestrebt werden."

"Tambke, Sie bereiten mir helle Freude. Mit prophetischem Blick haben Sie in eine ferne Zukunft geschaut. Mit Scharfblick haben Sie erkannt, daß das Heil der Menschheit nicht durch äußere Umstände herbeigeführt werden kann, sondern nur durch innere Erkenntnis. Auch daß der Hebel bei jedem einzelnen angesetzt werden muß, um auf diese Weise auf die Gesamtheit zu wirken, haben Sie mit Klarheit hervorgehoben. Das Beste ist jedoch, daß Sie den Hebel selbst mit aller Deutlichkeit gekennzeichnet haben, der allein imstande ist, den verlockenden Aufstieg und die herrlichen Leistungen zum Heil der Menschheit zu vollbringen, nämlich das sichere Wissen, der tatsächliche Beweis, daß wir unsterblich sind, daß wir persönlich weiterleben, daß wir im nächsten Leben wieder zusammentreffen, wir alle und jeder einzelne von uns. Wahrlich, dieser kleine, winzige, unscheinbare Umstand, der Beweis der Unsterblichkeit, birgt diese umwälzende Kraft in sich, der ganzen Menscheit eine einheitliche Richtung nach höheren Zielen zu geben.''

''Ich fühle es an mir selbst'', bemerkte Tambke, ''daß Sie recht haben können. Mit einem Schlage wäre, ohne Worte, der zwingende Grund geschaffen, gut und wahr zu sein.''

''Die Forderung, gut und wahr zu sein, kann nur dann Geltung haben, wenn unser Leben nicht auf unser Erdendasein beschränkt ist. Der Beweis der Unsterblichkeit begründet also gleichzeitig das moralische Gesetz, gut und wahr zu sein, und wäre es auch nur mit Rücksicht auf die Folgen im nachfolgenden Leben. Das würde allerdings ein gewisser Egoismus sein, aber ein gesunder Egoismus, der niemandem schadet, sondern allen nur Vorteile bringt. Wenn ich bestrebt bin, gut und wahr zu sein, und wäre es auch nur, weil ich davon einen Nutzen im nachfolgenden Leben habe, so leiste ich mir selbst einen Dienst und meinem Nächsten ebenfalls. Wenn mein Nächster das gleiche Bestreben zeigt, so erweist er sich und mir einen Vorteil, und wenn sich dieses Bestreben einheitlich auf der ganzen Linie fortpflanzt, so tritt überall eine Wechselwirkung ein, die von den denkbar segensreichsten Folgen begleitet sein würde und auch unsere sozialen Einrichtungen im günstigsten Sinne beeinflussen müßte. Dieses erhabene Ziel ist erreichbar. Und der Zauberstab dafür ist der Beweis der Unsterblichkeit. Können Sie nun begreifen, Tambke, welche moralische und soziale Tragweite von umwälzender Bedeutung der Spiritismus für jeden einzelnen und für die Gesamtheit hat und wie er die ganze Erziehung vorteilhaft beeinflussen muß?''

"Darüber war ich mir schon in diesen zwei Tagen klar geworden, wenn mir auch der präzise Ausdruck noch fehlte. Alles kommt auf den Beweis der Unsterblichkeit an. Die guten Folgen werden sich dann von selbst einstellen."

"Und lassen Sie uns auch noch kurz die Gegenwart betrachten. Wohin Sie sehen, eine brutale Rücksichtslosigkeit des einen gegen den anderen. Überall Eigennutz. Jeder will vom anderen Vorteile ziehen, unbekümmert um das Wohlergehen des anderen. Manche streben nach Ruhm, viele nach Macht, und alle nach Gold. Dieser krankhafte Tanz um das goldene Kalb ist zum System geworden und nennt sich Materialismus. Die nervöse Sucht nach Macht und Besitz, das einseitige Streben nach Ruhm und Gold auf Kosten des anderen hat unhaltbare Zustände geschaffen. Die Verbrechen aller Art häufen sich in erschreckender Zahl, und der Wahnsinn fordert immer weitere Opfer. Gefängnisse und Irrenanstalten sind überfüllt. Kampf auf der ganzen Linie bis aufs Messer. Nur Titel und Geld werden noch gewertet. Die moralischen Qualitäten, gut sein und wahr sein, sind zum alten Eisen geworfen."

"Halten Sie ein, das von Ihnen aufgerollte Bild ist furchtbar."

"Ja, schlimme Zustände sind es, unter denen wir leben. Durch Gesetzgebung und durch den Staatsanwalt will man Wandel schaffen. Doch vergeblich. Hat man irgendwo eine scheinbare Besserung erreicht, so bricht das Übel an anderer Stelle mit verstärkter Gewalt wieder hervor. Die einseitige Bewertung von Ruhm und Gold verhindert die Nächstenliebe und wahres Glücklichsein. Das unruhige, eigensüchtige Streben wird immer weiter fressen und sich auf alle Nationen erstrecken. Der Kampf mit rücksichtslosen Mitteln, der jetzt im einzelnen tobt, wird ganze Nationen erfassen und sie zum Vernichtungskriege gegeneinander führen. Ein solcher Krieg wird die unvermeidliche Steigerung der gegenwärtigen materialistischen Verhältnisse sein. Dieser Krieg der Nationen gegeneinander wird mit den furchtbarsten Waffen und mit rohester Rücksichtslosigkeit geführt werden. Hier im Großen wie dort im Kleinen wird der leitende Beweggrund die Sucht nach Ruhm und Macht und das Ziel der vergrößerte Besitz sein. Nur materielle Interessen werden Geltung haben, und ideale Anschauungen werden verlacht werden."

"Jetzt sind Sie doch wohl reichlich weit gegangen und sind zum Schwarzseher geworden?"

"Kann sein, Tambke, es wäre sogar zu hoffen. Ich fürchte jedoch, daß die Entwicklung so vor sich gehen wird, wie ich sagte. Der große Philosoph Schopenhauer bestätigte es, als er betonte: "Der Materialismus führt zum Bestialismus.""

"Gibt es denn kein Mittel, einer solchen Entwicklung Einhalt zu tun?"

"Doch, ein solches Mittel gibt es, schlicht und einfach, nämlich der Beweis der Unsterblichkeit. Dieses Mittel würde Wunder wirken. Im Hinblick auf Nationen, bei denen es sich um Waffen handelt, würde die Wirkung freilich erst dann eintreten, wenn die Massen dieses Mittel erkennen und erfassen. Es ist jedoch wenig Aussicht vorhanden, daß es bald geschehen wird. Jedes Ding will seine Entwicklung haben, und die Geschichte lehrt in zahlreichen Beispielen, daß große Wahrheiten sich anfänglich immer nur langsam Bahn brechen konnten, Jahrzehnte, sogar Jahrhunderte gebrauchten, ehe sie die Widerstände gebrochen hatten und zur Anerkennung gelangten."

"Es wäre schlimm für die Menschheit, wenn dem Spiritismus dieses Los auch beschieden sein würde."

"Ich fürchte, daß es so sein wird. Die Lehre 'Macht Euch das Leben hier bequem, kein Jenseits gibts, kein Wiedersehn' hat allzu feste Wurzeln geschlagen, und die schnellen Fortschritte auf allen Gebieten der Technik und der Naturwissenschaften, die an sich groß und bewundernswert sind, haben einen Dünkel hervorgerufen, der beklagenswert ist."

"Das sind schlechte Aussichten für den Spiritismus."

"Wenn Sie das Tempo der allgemeinen Anerkennung meinen, lieber Tambke, dann ja, sonst aber ganz und gar nicht. Der Spiritismus ist solide auf Tatsachen begründet und kann nicht mehr verloren gehen. Anfänglich wird er sich langsam ausbreiten, von Familie zu Familie und zum Segen derer, die ihn kennenlernen. Es wird jedoch eine Zeit kommen, da das Volk in seiner Gesamtheit dafür zur Reife gelangen wird. Dieser Zeitpunkt wird eintreten, wenn der Materialismus die Nationen an einen Abgrund und zu einer Weltkatastrophe geführt hat. Dann werden die Völker zu der Einsicht gelangen, nicht gleich, aber doch bald, daß es nicht so weitergehen kann. Sie werden nach geeigneten Mitteln suchen zur Wandlung und zur Gesundung vom materialistischen Wahn, und dieser Zeitpunkt wird der Beginn des Siegeszuges für den Spiritismus sein.''

''Und wann meinen Sie, daß dieser Zeitpunkt eintreten wird?''

''Das weiß ich nicht; früher oder später, aber er kommt bestimmt.''

''Also liegt das ganze Übel der jetzigen Zeit in dem Umstande, daß der Glaube an die Unsterblichkeit verloren gegangen ist?''

''Ja, das ist der Kern des Übels. Der Glaube an die Unsterblichkeit war immer nur ein lockerer, sehr lockerer Besitz, und selbst in dieser schwachen Gestalt hat er noch vorteilhaft gewirkt. Erst unserer Zeit war es vorbehalten, den ohnehin schwachen Glauben an die Unsterblichkeit ganz zu vernichten und durch wissenschaftliche Systeme mit Stumpf und Stiel auszurotten. Dadurch war die Richtung der Entwicklung gegeben. Wenn es für den Menschen nur dieses Erdendasein gibt, wenn es bei seinem Tode für immer mit seiner Existenz vorbei ist, so bleibt ihm nur noch übrig, dieses Erdendasein zu genießen. Alle seine Sinne sind dann auf die Erwerbung von Ruhm und Macht und Gold gerichtet, um sich die irdischen Genüsse verschaffen zu können. Mit welchen Mitteln es geschieht und ob der Nächste darunter leidet oder gar dabei zugrunde geht, ist mehr oder minder gleichgültig. Nach dem Tode ist es doch vorbei, und eine spätere Verantwortlichkeit erscheint somit als Unsinn. Man muß nur vermeiden, sich von den Gesetzen erfassen zu lassen.''

"Und doch gibt es Leute, sogar viele, die sich befleißigen, gut und wahr zu sein, obgleich sie an eine Unsterblichkeit nicht glauben."

"Gott sei Dank ist es so. In stillen Stunden kommt jenes, wenn auch nur unklare Gefühl doch immer wieder zum Durchbruch, daß der Mensch dennoch mehr ist als nur ein Häufchen Materie. Und dieser günstige Umstand hat die Folgen des Materialismus überall gemildert, sonst wäre bereits eingetreten, was Schopenhauer ankündigte, nämlich, daß der Materialismus zum Bestialismus führt."

"Steht es aber nicht zu befürchten, daß mit dem Beweise der Unsterblichkeit ein anderes Übel seinen Einzug hält, vielleicht minder schädlich, aber doch immerhin eine unerfreuliche Erscheinung? Ich meine die Schwärmerei und Frömmelei, daß man das Erdenleben mißachtet und seine kostbare Zeit mit phantastischen Vorbereitungen auf ein nächstes Leben vertrödelt."

"Solche Schwärmerei und Frömmelei, wie Sie es nennen, ist allerdings eine ungesunde und krankhafte Erscheinung. Sie kann nur auftreten, solange der Glaube an die Unsterblichkeit in jener verschwommenen Gestalt vorliegt, wie die Kirche sie lehrt und sie predigt. Die Schwärmerei und Frömmelei war sogar eine künstliche Züchtigung der Kirche. Sie lehrte, daß man die Unsterblichkeit und die Seligkeit nur erringen könne, wenn man der Kirche untertan sei und ihre Gebote befolge, und je schwärmerischer und phantastischer ihre Anhänger waren, um so größer war die Macht, die die Kirche über diese Scharen hatte, und um so höher waren die Einnahmen, die der Kirche zuflossen. Die einfache, erhabene Lehre, die Christus gebracht hat, wurde mit einem dogmatischen Wust unhaltbarer Kirchenlehren eingekapselt zu dem Zweck, die Massen von der Kirche abhängig zu machen und dauernd zu fesseln, um fortlaufend gebietende Macht über das Volk zu behalten. Die Kirche war, und ist heute noch, mit einem ins Große gehenden geschäftlichen Unternehmen vergleichbar, das darauf bedacht ist, herrschende Macht zu besitzen."

"So betrachtet, wird die Kirche den Spiritismus sicherlich mit unfreundlichen Augen ansehen."

"Ganz gewiß. Noch mehr. Sie wird den Spiritismus mit Verleumdungen und Verdächtigungen aus dem Hinterhalt bekämpfen. Sie wird den Spiritismus als einen Rivalen betrachten, der ihre Organisation zugrunde richten könnte, und darum wird die Kirche vor keinem Mittel zurückschrecken, die Ausbreitung des Spiritismus zu verhindern."

"Ich kann mir denken, mit welchen Mitteln die Kirche hauptsächlich operieren wird. Sie wird den Teufel und die Hölle in allen Schattierungen ins Feld führen."

"Ja, Tambke, das wird sie. Sie wird den Spiritismus als ein Machwerk des Teufels erklären, und die spiritistischen Geschehnisse wird sie als teuflische Ausgeburten der Hölle bezeichnen. Einzelne schwache Gemüter wird sie damit anfänglich vielleicht schrecken können. Aber selbst diese werden bald erkennen, daß solche Behauptungen nur ein ohnmächtiger Wutschrei sind. Diese Erkenntnis wird verstärkt durch jene Dokumente, durch welche die höchsten kirchlichen Vertreter erklärten, daß sowohl die katholische als auch die protestantische Kirche vom Teufel abstammt."

"Das ist ja köstlich. Können Sie mir nähere Angaben darüber machen?"

"Luther schrieb: "Das Papsttum in Rom ist vom Teufel gestiftet", und der Papst antwortete: "Luther und seine Lehre sind Blendwerke der Hölle."

"Sie meinen also, daß die Kirche die Ausbreitung des Spiritismus nicht verhindern kann?"

"Das meine ich in der Tat. Gerade durch ihren Kampf wird sie die Ausbreitung des Spiritismus noch fördern. Während dieses Kampfes wird es sich auch mit Klarheit zeigen, daß die Kirche ein kranker, sterbender Organismus ist, der keine Existenzberechtigung mehr hat. In früheren Zeiten hatte sie noch eine Bedeutung als Pflegestätte für Bildung und Wohltätigkeit, Betätigungen, die inzwischen auf den Staat und die Gesellschaft übergegangen sind.

Der einzig wertvolle Bestandteil der Kirche ist nur noch die Lehre von einer Unsterblichkeit. Diese Lehre ist aber nicht etwa ein Monopol der katholischen und protestantischen Kirche. Die Lehre von einer Unsterblichkeit ist vielmehr ein Bestandteil aller religiösen Systeme. In diesem Punkte stimmen alle Konfessionen und alle Religionssysteme überein, in allen anderen Punkten weichen sie voneinander ab."

"Die Übereinstimmung hinsichtlich der Unsterblichkeitslehre würde also gleichsam ein indirekter Beweis für die Wahrheit der Unsterblichkeit sein?"

"Man kann es so betrachten. Der einzig wertvolle Bestandteil der Kirche ist, wie ich schon sagte, die Lehre von einer Unsterblichkeit. Diese Lehre ist aber so verschwommen, so unbestimmt, so unklar, daß sie eine heillose Verwirrung angerichtet hat, und etwaige Beweise für ihre Lehre kann die Kirche nicht erbringen. Nun tritt der Spiritismus auf. Nicht allein, daß er die Unsterblichkeit lehrt, er liefert vielmehr und insbesondere die klaren, unzweideutigen Beweise dafür. Damit ist die Kirche überflüssig geworden, und die Milliarden von Mark, die die Kirche jährlich verschlingt, können zu besseren Zwecken verwendet werden." "Und was wird aus Religion und Christentum?"

"Religion und Christentum bleiben ungeschmälert bestehen. Diese sind ganz unabhängig von der Kirche. Beseitigt werden Konfession und Theologie. Religion und Christentum erfahren dagegen eine wesentliche Vertiefung ihres Inhaltes. - Wenn man die kirchlichen Interessen antastet, erhebt die Geistlichkeit mit Regelmäßigkeit ein Geschrei, wie wenn Religion und Christentum in Gefahr seien. Mit aller Absicht würfelt sie die Begriffe von Religion und Konfession und Christentum und Theologie kunterbunt durcheinander, als ob es gleichbedeutende Begriffe seien und als ob wir wirkliche Werte vernichten wollten, während wir in Wahrheit die Religion und das Christentum von ihren ärgsten Feinden, den theologischen Systemen und konfessionellen Parteiungen befreit leben wollen, die dauernd unendliches Leid über die Menschheit gebracht haben. Die Kirche ist im Buchstabenglauben erstarrt, hat jegliche Führerstellung verloren und besteht nur noch aus ödem Formalismus. Sie ist zu einem Handwerk herabgesunken und hat durch ihre Ohnmacht die gefahrdrohende Größe des Materialismus verschuldet."

"Es wird der Geistlichkeit wenig passen, wenn sie von ihrem göttlichen Thron heruntersteigen muß."

"Es gibt viele verdienstvolle Geistliche. Die Verdienste sind aber nur auf ihr persönliches Konto zu setzen und sind unabhängig von dem kirchlichen System, in das der einzelne Geistliche eingegliedert ist. Die kirchlichen Systeme selbst sind krank, todkrank und ein Hemmschuh für den Fortschritt der Menschheit. Sie sind wegen der gehässigen und unduldsamen Verteidigung der längst unhaltbar gewordenen Dogmen kulturfeindlich. Darum ist es gut, wenn die Geistlichkeit der angeblich göttlichen Sendung entkleidet wird. Sie ist nur die Dienerin der Kirche, liebt es aber, sich als den berufenen Vertreter Gottes zu bezeichnen, und der Papst macht noch obendrein Anspruch auf Unfehlbarkeit. Solange wir der Meinung waren, daß die Erde der Mittelpunkt der ganzen Welt sei, konnte man es aus anderweitigen Rücksichten heraus noch dulden. Nachdem unsere Astronomie aber den Nachweis geführt hat, daß unsere Erde kaum ein Sandkorn im Weltenraume ist, ist es unhaltbar geworden, wenn die Geistlichkeit den Schein zu erwecken sucht, als ob sie der Vertraute und Ratgeber des Schöpfers dieser unbegreiflich großen Welt sei."

"Unsere Erde ist nur ein Sandkorn im Weltenraum! Ist das nicht ein wenig zuviel gesagt?"

"Gehen Sie nachts bei klarem Himmel hinaus, und betrachten Sie das Firmament. All die Sterne, die Ihnen dort entgegenleuchten, sind mit einigen Ausnahmen lauter Sonnen, so wie die Sonne, die unsere Erde bescheint. Solche Sonnen hat man beiläufig schon an hundert Millionen gezählt, und mehrere Millionen dieser Sonnen hat man von unserer Erde fotografisch aufnehmen können. Der Lichtstrahl, mein lieber Tambke, durchläuft etwa 300 000 Kilometer in der Sekunde. Von unserer Sonne bis zur Erde braucht der

Lichtstrahl etwa 8 Minuten, und von einem Stern der Milchstraße ist der Lichtstrahl 1500 Jahre unterwegs, um bis zu unserer Erde zu gelangen. Das sind Räume und Ausdehnungen, von denen wir uns eine Vorstellung nicht zu machen vermögen. So groß, so erhaben ist Gottes Werk."

"Es kann einem Zweifel nicht mehr unterzogen werden, daß die Kirche nur noch ein Kampf um Worte ist und den Glauben an die Unsterblichkeit getötet hat, anstatt ihn zu beleben. Ich erkenne deshalb immer mehr, daß die Kenntnis und die Verbreitung des Spiritismus eine zwingende Notwendigkeit ist."

"Es muß der Beweis geliefert werden, daß der Mensch ein unsterblicher Geist ist und nach seinem irdischen Tode sofort und ohne Unterbrechung persönlich weiterlebt, ausgerüstet mit einem wunderbar organisierten Körper von ätherischer Feinheit, ja, daß er gar nicht sterben kann, auch wenn er es wollte. Diese Beweise und noch andere können durch den Spiritismus und durch die mit ihm verwandten Gebiete klar und einwandfrei geliefert werden. Alle diese Beweise werden durch nüchterne Tatsachen erbracht, und dadurch allein schon werden Phantastereien und Schwärmereien unmöglich gemacht. Es muß nur dafür gesorgt werden, daß der Spiritismus nicht mit dogmatischen Lehren verquickt wird, er muß vielmehr frei und unabhängig bleiben. Wenn durch die Beweise erst festgestellt ist, daß der Mensch mehr, viel mehr ist als wir ahnen, und wenn auch seine Unsterblichkeit bewiesen sein wird, dann werden wir eine Weltanschauung aufbauen können, die alle bisherigen Systeme in den Schatten stellt."

"Wie steht es aber mit den praktischen Beweisen, die zu erhalten Sie mir behilflich sein wollen?"

"Ich werden Sie so ausrüsten, lieber Tambke, daß Sie alle diese praktischen Beweise allein und ohne mich erhalten können. Es ist nur nötig, daß ich Sie über das ganze Gebiet unterrichte und Ihnen klare Anweisungen gebe. Dann brauchen Sie mich nicht mehr. Ich muß Sie also bitten, mir noch einige Male einen Besuch zu machen, damit ich Ihnen meine Gedanken ausführlich entwickeln kann."

"Mit großer Freude werde ich wiederkommen. Ihnen zuzuhören ist für mich ein Genuß und bringt mir Belehrung und Vorteil zugleich."

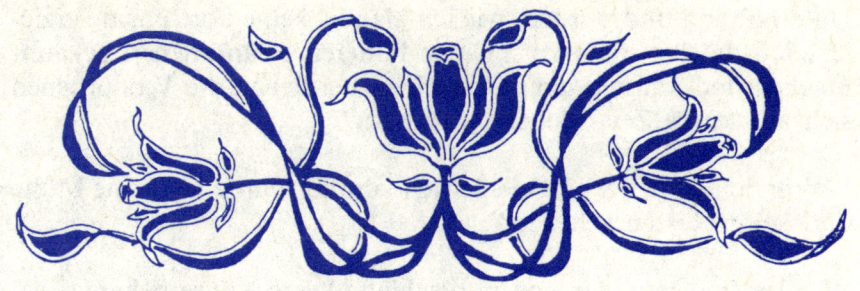

III.

TOMFOHRDE GIBT EINEN GESCHICHTLICHEN ÜBERBLICK ÜBER DEN SPIRITISMUS

"Bei unserem letzten Beisammensein, lieber Tambke, richteten Sie die Frage an mich, wie es mit den praktischen Beweisen stände, die Sie zu erhalten wünschen und wozu ich Ihnen behilflich sein wollte."

"Sie können sich denken, wie ich darauf brenne, Tatsachen kennenzulernen, die mir beweisen, daß der Spiritismus eine Wahrheit ist und vor allem, daß wir und unsere Abgeschiedenen weiterleben."

"Das kann ich gut verstehen, und der kürzeste Weg würde sein, Sie hier in einen spiritistischen Zirkel zu führen, um Ihnen solche Beweise zu liefern. Es gibt hier mehrere solche Kreise. Und dennoch möchte ich davon Abstand nehmen. Die Kreise, die ich hier kenne, haben als Beweismaterial nur Tischrücken und Tischklopfen und vereinzelt noch mediumistisches Sprechen. Diese Erscheinungen haben freilich ebenfalls ihre Bedeutung, sind aber nicht das, was ich Ihnen als Beweismaterial vorführen möchte. Diese Leute haben auch die wahre Bedeutung des Spiritismus noch nicht erkannt. Sie betreiben die Angelegenheit ohne Ernst, mehr zur

Unterhaltung und werden, wie ich glaube, keine Fortschritte erzielen. Ich möchte Sie gern mit den höheren Phänomenen bekannt machen und am liebsten mit solchen, bei denen die Verstorbenen sich auf kurze Zeit wieder verkörpern."

"Wenn ich derartiges kennenlernen könnte, würde ich keine Mühe und keine Kosten scheuen."

"Leider sind mir hier und in der Nähe keine Kreise bekannt, wo Ihnen jene höheren und bedeutungsvolleren Beweise geliefert werden können."

Enttäuscht entgegnete Tambke: "Das ist allerdings sehr zu bedauern. Dann muß ich die Hoffnung wohl aufgeben, meine Erwartungen jemals erfüllt zu sehen."

"Es gibt noch einen anderen Weg, der allerdings viel mühsamer und zeitraubender ist, der Ihnen jedoch tiefere Befriedigung gewähren wird, eine größere Beweiskraft für Sie hat und eine Quelle immerwährenden Genusses edler Art für Sie sein würde."

"Und welches ist dieser Weg?"

"Sie müssen sich einen eigenen Kreis bilden, um die Beweise zu erhalten, die Sie zu haben wünschen."

"Das wäre allerdings mehr, als ich erwartete", rief Tambke freudig aus. "Solche Beweise im eigenen Kreise würden das Wertvollste sein, was ich mir denken kann. Und wenn dieser Weg, wie Sie sagen, auch mühsamer und zeitraubender sein mag, so würde das kein Hinderungsgrund für mich sein. Ich werde immer das ideale Ziel im Auge haben, nach welchem ich strebe, und das zu erreichen keine Mühe zu groß sein kann."

"Bravo, Tambke, Sie sind ganz der Mann, als den ich Sie gleich erkannt habe, der nicht erwartet, daß ihm die gebratenen Tauben in den Mund fliegen, sondern selbst die Hand ans Werk legt. Und Ihre Mühe wird früher oder später glänzend belohnt werden."

"Nun kann ich auch besser verstehen, was Sie mit Ihren Bemerkungen am Schlusse unserer vorigen Unterredung meinten. Sie wollen mich unterrichten, was ich zu tun habe, um den Beweis der Unsterblichkeit in meinem eigenen Kreise zu erhalten."

"So ist es, Tambke, und diesem Zwecke sollen unsere Unterhaltungen dienen."

"Dann werde ich Ihren Ausführungen fernerhin mit doppelter Aufmerksamkeit folgen."

"Die neue Bewegung des Spiritismus, lieber Tambke, nahm gerade in jenem Jahre ihren Anfang, als ich zuerst nach Amerika kam, nämlich im Jahre 1848. In diesem Jahre traten in dem kleinen Orte Hydesville in der Familie eines Methodisten namens Fox eigentümliche Spukerscheinungen auf. Ohne ersichtliche Ursache klopfte es im Fußboden, an den Wänden, in der Bettstelle und an anderen Gegenständen. Anfänglich war man erschreckt über dieses Klopfen, bald aber gewöhnte man sich daran, und die beiden Töchter von Fox, die neunjährige Käte und die zwölfjährige Margarethe, benutzten dieses Klopfen sogar als eine Unterhaltung und zur Belustigung. Sie forderten, es solle hier oder dort oder anderswo klopfen, und immer geschah es an der bezeichneten Stelle. Sie klatschten in die Hände und verlangten eine entsprechende Zahl von Klopftönen, die dann auch immer richtig erfolgten. Nun machten die Kinder nur Armbewegungen, und obgleich dabei keinerlei Geräusch verursacht wurde, erfolgten doch ebenso viele Klopflaute wie die Kinder Armbewegungen gemacht hatten. Die kleine Käte war darüber sehr verwundert und rief ganz erstaunt aus: "Es kann nicht nur hören, sondern auch sehen."

"Diese Verwunderung und dieses Erstaunen war allerdings sehr berechtigt, würde ich selbst doch nicht minder überrascht gewesen sein", rief Tambke lebhaft aus.

"Es waren in der Tat außerordentliche Geschehnisse, die das höchste Erstaunen erregen mußten."

"Kümmerten sich die Eltern der beiden Mädchen denn gar nicht weiter darum?"

"Die Eltern erfuhren, in welcher Weise die Kinder mit den Klopftönen gleichsam spielten. Die Mutter, dadurch angeregt, verlangte zu wissen, wie viele Jahre Käte und Margarethe alt seien. Sofort erklangen neun und zwölf Klopflaute. Das verursachte eine große Sensation und regte zu weiterem Forschen an."

"Das glaube ich wohl; ich hätte des Forschens kein Ende gefunden."

"So war es auch bei der Familie Fox. Sie wollten mehr wissen und forderten den geheimnisvollen Klopfer zu weiteren Mitteilungen auf. Nun war guter Rat teuer. Wie sollten durch Klopftöne Mitteilungen zustande kommen? Nach einigem Nachdenken verfiel man auf den Ausweg, das Alphabet aufzusagen, und bei einem entsprechenden Buchstaben sollte geklopft werden. Nachdem ein Buchstabe durch Klopfen bezeichnet sei, wollte man mit dem Hersagen des Alphabets von vorn beginnen, um den nächsten Buchstaben durch einen Klopflaut angezeigt zu erhalten, und auf gleiche Weise sollte fortgefahren werden. Zur Vervollständigung wurde weiter vereinbart, daß auf bestimmte Fragen, die durch ja oder nein beantwortet werden können, durch einen oder durch drei Klopflaute geantwortet werden sollte, derart, daß ein Klopfton nein und drei Klopftöne ja bedeutet. Bei Fragen, welche durch ja oder nein nicht beantwortet zu werden vermögen, sollten zwei Klopflaute erfolgen."

"Es war eine sinnreiche Vereinbarung, gleichsam ein telegraphisches System."

"Ja, lieber Tambke, man hatte wirklich eine sinnreiche Lösung erdacht, und gleich wurde die Probe gemacht. Man fragte, ob der Klopfer ein Mensch sei, und sofort ertönte ein Klopflaut, also "nein". Man fragte, ob der Klopfer ein Verstorbener wäre, und unverzüglich dröhnten drei kräftige Klopftöne durch die Stille. Nun wandte man das alphabetische System an und erhielt überraschende Nachrichten. Der Klopfer nannte seinen Namen und erzählte, daß er in diesem Hause beraubt und ermordet worden sei und sein Leichnam im Keller verscharrt wäre. Bei den Nachgrabungen im Keller fand man tatsächlich ein menschliches Skelett."

"Wunderbar. Damit hörten die Klopftöne auf, albern und töricht zu sein. Es war eine Telegraphie ohne Draht zwischen zwei Welten."

"Richtig, und Sie können sich die Überraschung der Beteiligten vorstellen. Schnell wurde das Ereignis im Orte bekannt, und alle Nachbarn versammelten sich bei Fox, um das Wunder anzustaunen. Der Klopfer nannte das Alter der anwesenden Männer und Frauen, gab auch noch andere merkwürdige Aufschlüsse und erzählte, er sei nicht gekommen, um Rache zu nehmen oder seine Mörder zu nennen. Er wolle durch sein Klopfen vielmehr nur beweisen, daß die Verstorbenen gar nicht tot seien, sondern persönlich weiterlebten und sogar in die irdische Welt wieder eingreifen könnten."

"Das also war der Anfang des Spiritismus?"

"Ja, des neueren Spiritismus, der späterhin als Massenerscheinung hervortrat. Es war aber nicht der Anfang des Spiritismus überhaupt."

"So hat man solche Erscheinungen schon früher kennengelernt?"

"Zu allen Zeiten und in allen Ländern, aber sie waren wenig beachtet worden und hatten nur einzelne Köpfe zu tieferem Denken angeregt."

"Und was wurde weiter mit dem Klopfen bei der Familie Fox?"

"Das will ich Ihnen sagen. Die Ereignisse in Hydesville waren in weiteren Kreisen bekannt geworden, und Wißbegierige besuchten die Familie Fox. Man setzte sich um einen Tisch, und jetzt erklangen die Klopflaute in der Tischplatte. Man hatte nun das sogenannte Tischklopfen. Dabei stellte sich jedoch eine Eigentümlichkeit heraus. Das Klopfen wollte oftmals durchaus nicht eintreten. Das war sonderbar, und beim Nachforschen erkannte man, daß das Klopfen immer dann ausblieb, wenn die beiden Mädchen Käte und Margarethe oder eine von ihnen nicht mit am Tische waren. Also war die Gegenwart gewisser Menschen nötig, wenn das Klopfen erfolgen sollte. Zuerst argwöhnte man, daß die Kinder das Klopfen willkürlich verursachten, wenn auch auf eine noch unbekannte Art, um den Erwachsenen einen Schabernack zu spielen. Man ließ die Kinder Schuh und Strümpfe ausziehen, man umwickelte ihre Hände und Füße mit wollenen Decken, ja, man fesselte sie am ganzen Körper und stellte auch noch eine Reihe anderer Sicherungsmaßnahmen an. Vergeblich. Sobald die Kinder mit am Tische waren, so erklang das Klopfen, wie immer die Kinder auch gefesselt und gebunden sein mochten. Man stellte mit Sicherheit fest, daß die Kinder das Klopfen nicht verursachten, daß ihre Gegenwart aber nötig war."

"Die Kinder waren also wahrscheinlich das, was man Medium nennt?"

"Ja, und bald nachher zeigte es sich, daß es nicht allein diese Kinder waren, sondern daß es viele Menschen gab, bei deren Gegenwart das Klopfen hervortrat oder auch ein Rücken und Kippen des Tisches zur Erscheinung kam. Es wurde festgestellt, daß nicht alle Menschen, aber doch viele, und zwar Knaben und Mädchen und Männer und Frauen, eine eigenartige Veranlagung haben, derart, daß bei ihrer Gegenwart das Tischklopfen und Tischrücken stattfand. Damit war die Mediumschaft entdeckt, und bald entwickelte sich diese Seite des Spiritismus so schnell, daß man in Tausenden und Abertausenden von Familien Sitzungen hielt."

"Wie stellte sich die große Masse denn dazu?"

"Zunächst ablehnend. Schließlich wählte man ein Komitee, das aus zahlreichen gebildeten und angesehenen Männern bestand, und das die Geschehnisse prüfen sollte. Auch Fenimore Cooper gehörte dazu."

"Cooper? Der Name kommt mir bekannt vor. Es ist doch nicht etwa der amerikanische Schriftsteller, der die interessanten Lederstrumpf-Erzählungen geschrieben hat?"

"Derselbe, lieber Tambke, und das Überraschende war, daß das Komitee nicht allein die Tatsachen bestätigen mußte, sondern daß manche Mitglieder dieses Komitees sich selbst als Medien erwiesen. Auch der sechzigjährige Cooper war Medium."

"Das war eine glänzende Bestätigung der Echtheit der Vorkommnisse."

"Jetzt, nachdem die Tatsachen als eine Wahrheit erkannt waren, breitete sich der Spiritismus in den Vereinigten Staaten von Nordamerika mit Schnelligkeit aus. Aber auch die Geschehnisse blieben nicht beim Tischklopfen und Tischrücken stehen, sondern wurden immer außerordentlicher. Es traten höhere intellektuelle und physikalische Erscheinungen hervor, die sich schließlich bis zu ganzen Materialisationen oder Verkörperungen von Abgeschiedenen steigerten. Ich werde bei einer späteren Unterhaltung noch darauf zurückkommen."

"Ich kann mir denken, daß die gewaltige Bedeutung dieser Ereignisse helle Begeisterung hervorrufen mußte, jedenfalls bei denen, welche diese erstaunlichen Vorgänge selbst kennenlernten."

"So war es in der Tat, und viele Männer von hohem Rang oder hervorragender Stellung gehörten zu den Anhängern und traten dafür ein, beispielsweise der amerikanische Dichter Longfellow, der Präsident der Vereinigten Staaten von Nordamerika, Abraham Lincoln, der allbekannte Erfinder Edison, der Oberrichter und Senator Edmonds, der Gesandte Robert Dale Owen und tausend andere Männer von Ruf in Amerika."

"Aber fanden sich denn in Europa keine Männer von Rang und Ruf, welche diesen bedeutungsvollen Begebenheiten ihre Aufmerksamkeit widmeten?"

"Doch mein Freund, in allen Ländern. In England waren es der bekannte Physiker und Chemiker William Crookes, den Sie schon kennen, ferner der berühmte Naturforscher Alfred Russel Wallace, der gleichzeitig mit Darwin die Entwicklungstheorie entworfen hatte, der Elektriker und Begründer des Kabeltelegraphen Varley, der Physiker Barret, der Astronom Huggins, der Mathematiker Morgan, der Jurist Chambers, die Schriftsteller Lytton Bulwer, Thackeray, Trollope und viele andere. Auch die Königin Viktoria von England und der englische Staatsmann Gladstone waren ausgesprochene Spiritisten. Ärzte, Juristen und Professoren aller Fakultäten schlossen sich in London zu der "Dialektischen Gesellschaft" zusammen, um die Geschehnisse zu prüfen, und nach der Prüfung sprachen sie sich für die Tatsächlichkeit der Phänomene aus. Ebenso ist die Londoner Gesellschaft für psychische Forschung, welcher die ersten englischen Kreise angehören, mit allen Mitteln bestrebt, dieses bedeutsame Gebiet zur Anerkennung zu bringen."

Nach einer Pause fuhr Tomfohrde fort: "In Frankreich war es namentlich der Gelehrte Hippolyte Denisard Rivail, ein Schüler des berühmten Pädagogen Pestalozzi, der unter dem Namen Allan Kardec mit reichen Erfolgen für den Spiritismus tätig war. Auch der Astronom Camille Flammarion, der Maler Tissot, die allbekannten Schriftsteller Alexand Dumas der Ältere, Victor Hugo, George Sand, Delphine Gay, Auguste Vacquerie, die beiden Sardou und ungezählte andere traten mit Nachdruck für den Spiritismus ein, und der Großindustrielle Godin in Guise beteiligte seine Arbeiter, die Spiritisten waren, an dem Gewinn seines großen geschäftlichen Unternehmens. Zahlreiche psychologische Gesellschaften und etwa 30 spiritistische Zeitschriften in französischer Sprache unterstützen die Bewegung."

Ergänzend bemerkte Tomfohrde: "In spanischer und portugiesischer Sprache sind es meines Wissens 32 spiritistische Zeitschriften, die die Sache fördern, und auch in anderen Ländern nimmt die Bewegung fortgesetzt an Umfang zu."

"Ich bin ganz überrascht", rief Tambke staunend aus, "zu erfahren, daß der Spiritismus schon eine derart mächtige Ausdehnung angenommen hat."

"Ich habe Ihnen nur einige wenige Namen genannt, um Ihnen zu zeigen, daß Sie sich in glänzender Gesellschaft befinden, wenn Sie sich ebenfalls mit dem Spiritismus beschäftigen."

"Das habe ich zu meiner Verwunderung erkannt, und um so erstaunter bin ich, bislang nichts davon gehört zu haben."

"Das hat seinen Grund in einer betrüblichen Erscheinung, nämlich darin, daß Deutschland auf diesem Gebiete weit, sehr weit zurück ist. Wenn mutige Männer und Frauen es dennoch wagten, öffentlich für den Spiritismus einzutreten, dann wurden sie höhnend niedergetrampelt, wie es der Professor der Zoologie Maximilian Perty, der Naturforscher Professor Friedrich Zöllner, der Politiker und Philosoph Baron Hellenbach und andere erste Männer der Wissenschaft am eigenen Leibe erfahren mußten. Aber auch in Deutschland ist der Spiritismus neuerlich im sicheren Vormarsch begriffen und wird sich nicht mehr verdrängen lassen. Langsam, doch bestimmt schreitet er vorwärts, bis eine größere Reife eintritt und mit Riesenschritten die Ausbreitung herbeiführen wird. Inzwischen sollen Sie mitarbeiten, Tambke, und als praktischer Pionier für den Spiritismus tätig sein. Wollen Sie das?"

"Mein Wort und meine Hand darauf, das will ich, und sobald Sie mich genau unterrichtet haben, lege ich los."

IV.

TOMFOHRDE ERLÄUTERT DEN SOMNAMBULISMUS

Die Unterhaltungen mit Ihnen, Freund Tambke, sind mir bereits zum Bedürfnis geworden. Es ist fast eine Woche her, daß ich Sie nicht sah, und so wollte sich schon die Befürchtung bei mir einnisten, daß Ihr Interesse an dem Gegenstand unserer Unterhaltung erlahmt sein könne."

"Das brauchen Sie nicht zu befürchten. Dazu ist die Sache im allgemeinen und für mich im besonderen zu wichtig. Nein, nur dringende, geschäftliche Arbeiten machten mir einen früheren Besuch unmöglich. Ich habe mich im Gegenteil unausgesetzt mit Ihren lehrreichen Aufschlüssen beschäftigt, und das weitere Nachdenken hat mein Interesse nur vergrößert und vertieft. Ich fange an zu erkennen, daß wir überall von Unbegreiflichkeiten umgeben und daß wir selbst das größte aller Rätsel sind."

"Hallo, Tambke, Sie beginnen ein Philosoph zu werden. Die Gewohnheit und die Alltäglichkeit haben unseren Blick getrübt und lassen uns die uns umgebende Natur als etwas Selbstverständliches erscheinen, obgleich sie voller Rätsel ist. Wer das erkennt und darüber noch in Erstaunen geraten kann, ist bereits ein Philosoph."

"Noch heute beim Mittagessen mußte ich über einiges nachdenken. Wir befördern irgendwelche Speisen in den Magen hinein und überlassen es dann der Natur, dieses Material zu zerlegen, in andere wertvolle Bestandteile umzusetzen und daraus den Körper aufzubauen und zu unterhalten. Vielleicht werden Sie über eine solche Betrachtungsweise lächeln."

"Ganz und gar nicht. Ihre Betrachtungen sind vielmehr sehr berechtigt. Bekanntlich findet ein immerwährender Stoffwechsel statt. Unbräuchbar gewordene Bestandteile unseres Körpers werden zersetzt und ausgeschieden, und aus der zugeführten Nahrung werden die Bestandteile unseres Körpers wieder ersetzt und neu aufgebaut. Eine riesige Zahl von chemischen, physikalischen und physiologischen Vorgängen spielt sich fortwährend dabei ab."

"Ich bin also ein Chemiker, ein Physiker und ein Physiologe, ohne es zu wissen und ohne eine Kenntnis von allen diesen verwickelten Gebieten zu haben."

"Wir überweisen dem Magen irgendwelche Speisen, und irgend etwas Wunderbares in uns, welches Chemiker, Physiker, Physiologe, Arzt und Architekt zugleich ist, bildet daraus die großartigsten organischen Gebilde. Es macht daraus Zellgewebe, Blut, Haare, Knochen, Zähne, Nervensubstanz und tausend andere Teile. Es unterhält den Blutkreislauf, es regelt die Körperwärme, es verrichtet das Wachstum und baut und organisiert immerfort, ob wir wachen oder schlafen."

"Wir haben also wenig Ursache, auf unser Selbstbewußtsein stolz zu sein. Denn alle jene erstaunlichen und verwickelten Vorgänge finden statt, ohne unserem Bewußtsein oder unserer Willkür unterworfen zu sein."

"Sie haben recht, unser Selbstbewußtsein beherrscht nur die Außenseite und bildet nur einen kleinen Teil unseres Ichs."

"Wer oder was mag aber dieser großartige Gelehrte in uns sein, der unermüdlich alle diese feinsinnigen Arbeiten beherrscht?"

"Die Materialisten sagen, das sei die Materie, die alles das aus sich selbst vollbringt."

"Das ist ja offenbarer Unsinn", rief Tambke aus. "Das wäre gerade so, als ob ich ein Haus seiner Schönheit und seiner vornehmen Einrichtungen wegen bewundere und auf die Frage nach dem Erbauer antworten wollte, die Ziegelsteine und die anderen Materialien hätten diesen stolzen Bau mit allen seinen prächtigen Einrichtungen aus sich selbst aufgebaut und gestaltet."

"So müßten die Materialisten allerdings sagen. Jeder andere würde seine Bewunderung dem Architekten zuteil werden lassen, der diesen imposanten Bau entworfen und mit den erforderlichen Materialien ein Werk geschaffen hat, das wir bestaunen und dem wir höchste Anerkennung zollen."

"Und wer ist der Architekt, der unseren eigenen Körper gestaltet und mit allen seinen Funktionen dauernd unterhält, einen Körper, der in seinem Aufbau und in seinen Einrichtungen jedes andere Werk in den Schatten stellt?"

"Es ist eine schwerwiegende Frage, und unsere besten Denker haben sich schon den Kopf darüber zerbrochen. Eins ist sicher: blinde Kräfte können es nicht sein, die unseren tausendfältig gegliederten Organismus so sinnreich und so zweckmäßig formen.

»Wo rohe Kräfte sinnlos walten,
Da kann sich kein Gebild gestalten.«"

"Darin stimme ich Ihnen vollkommen bei, und diese Erkenntnis erhöht nur meinen Wissensdrang, den unsichtbaren Künstler in uns kennenzulernen."

"Ich habe selbst über diese Frage lange nachgegrübelt", antwortete Tomfohrde, "und wäre wohl zu keinem klaren Resultat gekommen, wenn nicht ein eigenartiges Erlebnis einen ungeahnten und überraschenden Aufschluß gebracht hätte."

"Ich würde Ihnen dankbar sein, wenn Sie mir davon erzählen würden."

"Das will ich, und um so mehr, als es geeignet ist, blendendes Licht auf den Spiritismus zu werfen."

"Das erhöht meine Wißbegierde und steigert meine Erwartung, von Ihrem Erlebnis Kenntnis zu erhalten."

"Ich erzählte Ihnen schon, daß ich als wandernder Fotograf kreuz und quer durch Amerika zog. Auf diesen Wanderungen kam ich einstmals nach Winnipeg, einem damals noch kleinen Ort, der die Hauptstadt der kanadischen Provinz Manitoba ist."

"Dort wollten Sie wohl ein fotografisches Atelier auffschlagen?"

"Nein, ich wollte zu den indianischen Dörfern, die in dieser Provinz besonders zahlreich sind, um die Indiander zu fotografieren und ihnen meine Bilder zu verkaufen. Meine Chemikalien waren jedoch zur Neige gegangen, und diese wollte ich in Winnipeg erneuern. Einen passenden Kaufladen hatte ich bald gefunden. Der Besitzer war ein beweglicher Franzose, ein Junggeselle, dessen Vorfahren nach Kanada eingewandert waren und dessen Eltern in der Nähe von Winnipeg eine Farm besaßen. Meine Einkäufe hatte ich bald beendet, und da der Besitzer des Kaufladens sich für alle Fragen, die mit der Fotografie zusammenhängen, besonders interessierte, so kamen wir in ein lebhaftes Gespräch, das ihn und mich fesselte und uns immer mehr miteinander bekannt werden ließ. Seiner Aufforderung, bei ihm zu übernachten und für einige Tage sein Gast zu sein, entsprach ich gern, da meine Geschäfte nicht eilten und ich Gefallen an dem Manne fand."

"War der Franzose denn ein gebildeter Mann?"

"Nein, das nicht, aber er besaß eine große natürliche Begabung, war von bezaubernder Liebenswürdigkeit, und sein Temperament war von einer erquickenden Frische."

"Diese Eigenschaften waren es auch wohl, die Sie zum Bleiben bestimmten?"

"Ja, Tambke. Am zweiten Tage saßen wir abends im Gespräch beieinander in seinem Wohnraum. Dieser befand sich im ersten Stock oberhalb seiner Geschäftsräume. Es war ein großes Zimmer, und der Tisch, an welchem wir uns niedergelassen hatten, stand ganz an dem einen Ende des Raumes. Die Lampe beleuchtete nur den Tisch und die nächste Umgebung. Der hintere Teil des Zimmers lag in einem Halbdunkel. Mein Gastgeber saß so, daß sein Gesicht diesem Halbdunkel zugekehrt war, und ich saß ihm in einem Armstuhl gegenüber. Am anderen Ende des Raumes befand sich noch ein zweiter Tisch und ein Sofa, und einige weitere Gegenstände vervollständigten die Einrichtung. Der Vorfall, der sich nun ereignete, steht so klar vor meinen Augen, wie wenn er sich gerade eben abgespielt hätte."

"War es denn ein Ereignis von besonderer Schreckhaftigkeit?"

"Sie werden gleich hören. Wir waren mitten in einem anregenden Gespräch, als mein Gastgeber totenbleich aussehend wurde und starr und erschreckt nach dem Halbdunkel blickte. Ich wandte mich auf meinem Stuhle um und schaute nach der gleichen Richtung. Was ich dort sah, wirkte so überraschend auf mich, daß ich mich fast wie gelähmt fühlte. Ich überwand jedoch bald die nahezu lähmende Bestürzung und beobachte nun mit Klarheit, was ich sah. Am anderen Ende des Zimmers stand, wenn man es so bezeichnen will, eine Gespenstererscheinung."

"Donnerwetter", entfuhr es Tambke. "Dann läßt es sich begreifen, daß Ihnen der Schreck in die Glieder gefahren ist."

"Die Erscheinung selbst hatte nichts Erschreckendes an sich, nur das Unerwartete und Eigentümliche machte mich anfänglich bestürzt. In der Nähe des zweiten Tisches erblickte ich eine lichte Gestalt, die sich deutlich von dem Halbdunkel abhob und ganz zart zu leuchten schien. Der Kopf, sowie der Ausdruck und die Züge im Gesicht, die Farbe und Anordnung des Haares, die Arme und die Hände waren mit aller Deutlichkeit erkennbar, und der Körper war in ein helles, wallendes Gewand gekleidet. Die Augen, die besonders klar hervortraten, schienen noch ein wenig mehr zu leuchten als die anderen Teile der Gestalt, aber alles ganz zart und gedämpft. Das Phantom stellte eine ältere, jedoch noch schöne Frau dar, die uns lebhaft zuwinkte. Nach einiger Zeit, als ich mich von meinem Erstaunen genügend erholt hatte, beschloß ich, nach dem anderen Teil des Zimmers zu gehen, dorthin, wo ich die Gestalt erblickte, um mich zu überzeugen, daß keine Täuschung vorlag."

"Ich glaube, das hätte ich nicht fertig gebracht."

"Das möchte ich doch annehmen. Sie müssen berücksichtigen, daß das Phantom nicht abschreckend, sondern eher lieblich aussah. Ich schritt also in die Richtung des anderen Tisches. Die Lichtgestalt blieb an der gleichen Stelle und wandte mir voll ihr Gesicht zu. Mit der einen Hand winkte sie, etwa so, als ob ich noch näher kommen sollte. Ich tat es und stand nun unmittelbar neben der Erscheinung, die beinahe ebensogroß war wie ich selbst. Die Gestalt war völlig durchsichtig. Alle Gegenstände hinter ihr waren sichtbar. Ich griff nach der Gestalt und griff ins Leere, wenngleich die Erscheinung unverändert sichtbar blieb. Es war scheinbar eine winzig schwache Phosphoreszenz, in welcher die Gestalt leuchtet. Sie lenkte meine Aufmerksamkeit auf ihre eine Hand durch Bewegungen, die sie damit ausführte. Als ich meine Blicke nach dieser Hand richtete, zeigte sie mehrmals mit einem Finger auf einen kleinen Gegenstand, der auf dem Tische lag. Ich schaute wieder nach dem Gesicht des Phantoms, über das jetzt ein zufriedenes Lächeln zu huschen schien, und mit dem Kopfe nickte es mir zu. Bald darauf wurde die Sichtbarkeit der Gestalt undeutlicher und verschwand schließlich ganz. Wie lange die Erscheinung sichtbar war, kann ich nicht genau angeben, weil sich alles so unerwartet abspielte, es dürften aber wohl fünf Minuten gewesen sein."

"Und eine Einbildung, meinen Sie, kann es nicht gewesen sein?"

"Hören Sie nur weiter. Mein Gastgeber, der Franzose, saß noch auf seinem Platz, schreckensbleich und wie erstarrt. Ich ging zu ihm und sprach ihn an. Er antwortete jedoch nicht. Ich schüttelte ihn leicht. Nun wich die Erstarrung von ihm, und dafür stellte sich ein herzbrechendes Schluchzen ein, dem ich ratlos gegenüberstand. Es dauerte lange, ehe er sich einigermaßen beruhigte, und nun erfuhr ich, daß er in der Lichtgestalt seine Mutter erkannt habe und annehmen müsse, daß sie gestorben sei. Er habe schon einige Male solche Lichterscheinungen von anderen Verwandten gesehen, und immer habe es sich herausgestellt, daß sie kurz vorher verstorben waren."

"Somit lag also ein spiritistisches Geschehnis vor, wo eine Verstorbene sich sichtbar gemacht hatte?"

"So faßte ich das Ereignis auch zunächst auf. Da ich mit meinem Gastgeber übrigens nur lose bekannt war und seine Mutter gar nicht kannte, so war ich durch das Ereignis nicht erschüttert, sondern nur im höchsten Grade angeregt. Ich suchte meinen Gastgeber nach Möglichkeit zu beruhigen, was mir jedoch nur ungenügend gelang. Er wollte sofort nach der Farm seiner Eltern hinüberfahren. Da es schon spät am Abend war, überredete ich ihn, die Fahrt bis zum nächsten Morgen aufzuschieben. Ich erzählte ihm schließlich auch, daß die Lichtgestalt mit dem Finger mehrfach auf einen kleinen Gegenstand, der auf dem anderen Tische liege, gezeigt habe. Auf seinen Wunsch holte ich diesen Gegenstand herbei, und bei dessen Anblick trat eine neue Erschütterung bei meinem Gastgeber ein. Es war ein kleines, goldenes Medaillon, das eine Haarlocke enthielt, und mein Gastgeber erklärte auf das bestimmteste, daß das Medaillon niemals in seinem Besitz gewesen sei und das Eigentum seiner Mutter wäre. Das verwickelte den Vorgang noch mehr."

"Ich an Ihrer Statt würde mit nach der elterlichen Farm des Franzosen gefahren sein, um der Sache auf den Grund zu kommen."

"Das habe ich auch getan. In aller Frühe am nächsten Morgen machten wir uns mit einem Gespann auf den Weg, und nach einer ermüdenden Fahrt von etwa sechs Stunden trafen wir auf jener Farm ein."

"Dort herrschte wohl tiefe Trauer?"

"Gar nicht, mein Freund, die Mutter lebte."

"Alle Wetter, so war die Erscheinung also doch eine Täuschung."

"Auch das nicht. Hören Sie nur noch weiter zu, und Sie werden ebenso überrascht sein wie ich. Von den Angehörigen erfuhren wir folgendes: Die Mutter war einige Tage unpäßlich gewesen. Diese Unpäßlichkeit war gestern unerwartet und schnell in eine bedrohliche Krankheit ausgeartet, so sehr, daß die Angehörigen und die Kranke selbst das Lebensende für nahe hielten. Die Mutter hatte deshalb noch kurz ihre letzten Anordnungen getroffen und von ihren Lieben Abschied genommen. Ein kleines Medaillon, das der Kranken besonders teuer war und als eine Art von Amulett betrachtet wurde, hatte sie für den abwesenden jüngsten Sohn Jules, meinen Gastgeber, bestimmt. Dieses Medaillon trug die Mutter ständig an einer Schnur um den Hals. Gestern spät abends trat bei der Kranken eine völlige Erschöpfung ein, die in eine totenähnliche Erstarrung überging, und alle hielten das Ende für nahe. Aber beiläufig nach einer halben Stunde löste sich die Starre, und die Kranke erwachte aus ihrer Ohnmacht. Zu ihren Angehörigen, die ihr Bett umstanden, sagte sie, daß sie eben bei ihrem Sohn in Winnipeg gewesen sei, der einen Fremden zu Besuch habe. Man faßte diese Äußerung als einen Ausfluß ihrer Phantasie auf und legte kein Gewicht darauf."

"Das war freilich eine unerwartete und überraschende Wendung und eine Bestätigung für die Echtheit der Phantomerscheinung."

"Ja, das war in der Tat eine überraschende Wendung, und Sie können sich das Staunen der Angehörigen vorstellen, als wir das gestrige Erlebnis erzählten. Es wurde festgestellt, daß es um dieselbe Zeit gewesen war, als die Mutter einerseits in totenähnlicher Erstarrung im Bett lag, und anderseits die Lichtgestalt im Wohnraum meines Gastgebers erschien."

"Und wie verhielt es sich mit dem Medaillon? War es tatsächlich bei der Kranken verschwunden?"

"Von dem Medaillon hatten wir noch nichts gesagt. Als wir auch das erzählten und das Medaillon vorzeigten, überschritt das Staunen alle Grenzen. Man hatte den Verlust des Medaillons noch gar nicht bemerkt. Einer der Angehörigen begab sich zu der Kranken, die gerade schlief, und stellte fest, daß die Schnur am Halse noch vorhanden war, das Medaillon jedoch fehlte."

"Die Echtheit der Erscheinung findet dadurch eine weitere Bestätigung", warf Tambke ein. "Aber der Vorgang wird gleichzeitig immer rätselhafter und unbegreiflicher."

"Doch noch mehr. Sie können sich denken, wie begierig ich war, die Frau selbst zu sehen. Es ließ sich einstweilen jedoch nicht ermöglichen. Die Kranke schlief und ging ihrer Genesung entgegen. Einen Fremden wollte man nicht ins Schlafzimmer lassen, und ich mußte mich bescheiden. Mir lag aber viel daran, die Frau kennenzulernen. Ich bat darum, einige Zeit als Gast auf der Farm bleiben zu dürfen, und gern und freudig wurde es mir gewährt. Drei Tage später war die Mutter so weit hergestellt, daß sie sich mit an den Frühstückstisch setzen konnte. Mit rührender Liebe und zarter Aufmerksamkeit war ihr Platz mit Blumen geschmückt. Als ich ins Frühstückszimmer trat, waren zwei Personen aufs äußerste überrascht, erstlich ich, denn die Frau des Hauses glich der Phantomgestalt wie ein Ei dem anderen. Die Ähnlichkeit war eine so vollkommene, daß ich die Frau überall sofort erkannt haben würde. Wenn ein Unterschied vorhanden war, so bestand er nur darin, daß die Phantomgestalt lebensfrischer erschien, während bei der Mutter noch Spuren ihrer Krankheit sichtbar waren."

"Sie sagten, daß zwei Personen aufs äußerste überrascht waren. Die eine waren Sie selbst, und wer war die andere Person?"

"Die Mutter. Sie blickte mich staunend an und meinte, mich zu kennen und schon gesehen zu haben. Das war jedoch unmöglich, denn ich war zum ersten Male in diesen Gegenden, und die Frau war niemals weiter als von ihrer Farm bis Winnipeg gekommen. Sie konnte mich also nur gesehen haben, als sie als Phantomgestalt in Winnipeg erschien. Davon erinnerte sie aber nichts, und die Angehörigen hatten ihr das Vorkommnis verschwiegen, um sie nicht aufzuregen. Das ist die getreue und ausführliche Wiedergabe meines eigenen Erlebnisses."

"Wunderbar, ganz wunderbar. Es gibt also noch mehr Dinge im Himmel und auf Erden, als unsere Schulweisheit sich träumen läßt."

"Ja, Tambke, das dürfen Sie mit Recht sagen. Damals wußte ich es noch nicht, aber durch die wissenschaftlichen Studien, mit denen ich mich inzwischen beschäftigte, habe ich kennengelernt, daß solche Erlebnisse nicht neu sind, sondern in der Geschichte aller Völker tausendfach und in gut beglaubigter Form berichtet werden."

"Lassen Sie uns vorläufig noch bei Ihrem eigenen Erlebnisse verweilen. Es würde mir erwünscht sein, wenn Sie die hauptsächlichsten Merkmale einmal kurz zusammenstellen wollten."

"Gewiß, daß will ich gern tun. Die Merkmale sind:

1. Daß der Franzose und ich das Phantom gleichzeitig und auf dieselbe Art sahen.

2. Daß der Franzose in dem Phantom seine Mutter erkannte, während ich eine mir fremde Frau sah.

3. Daß zu derselben Zeit und Stunde die Farmersfrau nach dem Erwachen aus einer Ohnmacht ihren Angehörigen erklärte, daß sie bei ihrem Sohn in Winnipeg gewesen sei und daß sich bei ihm ein Fremder zu Besuch befände.

4. Daß ich aufgrund der gesehenen Phantomgestalt sofort die Frau auf der Farm erkannte und beide als identisch feststellen konnte.

5. Daß die Farmersfrau mich wiedererkannte, wenn sie sich auch nicht erinnern konnte, daß sie mich nur gesehen hatte, als sie als Phantomgestalt in Winnipeg war.

6. Daß die Phantomgestalt auf rätselhafte Weise das Medaillon der Farmersfrau nach dem Wohnraum ihres Sohnes in Winnipeg überbrachte und als Beweisstück zurückließ.''

"Genug und übergenug, Tomfohrde, wir brauchen die Zusammenstellung nicht noch weiter auszudehnen. Diese zahlreichen Feststellungen und Merkzeichen bestätigen, daß eine Täuschung unmöglich ist. Über die Tatsächlichkeit der Phantomgestalt sind wir also im klaren. Festgestellt ist auch, daß die Phantomgestalt ein ganz selbständiges Wesen war.''

"Die Lichtgestalt war ein ganz selbständiges Geistwesen. Es glich in allen Einzelheiten der noch lebenden Farmersfrau. Dieses Geistwesen hatte Form, Gestalt, Bewegung und Ausdruck. Es winkte zu uns hinüber, es winkte mich näher zu sich heran, es zeigte mehrfach mit einem Finger auf das Medaillon, es lächelte mir zu, es nickte mit dem Kopfe, und es hatte das Medaillon überbracht.''

"Auch die unabhängige Selbständigkeit des Geistwesens ist klar und einwandfrei festgestellt'', gab Tambke zu. "Und jetzt erhebt sich die Frage: Wer war dieses Geistwesen?''

"Das ist ebenfalls nicht zweifelhaft. Der Franzose erkannte in der Phantomgestalt sofort seine Mutter, und ich konnte bei meinem Besuche auf der Farm feststellen, daß das Geistwesen, das in Winnipeg erschienen war, das getreue Ebenbild der mir bis dahin ganz unbekannten Farmersfrau war.''

"Diese mehrfachen Erkennungen, die sich gegenseitig ergänzen und miteinander übereinstimmen, lassen keinen Zweifel darüber zu, daß jenes Geistwesen die Farmersfrau selbst war oder besser ihr eigener geistiger Doppelgänger'', fügte Tambke hinzu.

"Die Zusammengehörigkeit des geistigen Doppelgängers mit der Farmersfrau wird weiter dadurch bestätigt, daß zu derselben Stunde, als der Doppelgänger in Winnipeg erschienen war, jene Frau ihren Angehörigen auf der Farm erklärte, daß sie bei ihrem Sohn gewesen sei, und sogar noch hinzufügte, daß ein Fremder als Besuch bei ihm wäre.''

"Richtig. Und auch der weitere Umstand, daß die Farmersfrau Sie erkannte, obgleich sie Sie nur gesehen hatte, als sie als Phantomgestalt in Winnipeg erschien, bestätigt, daß der geistige Doppelgänger und die Farmersfrau zusammengehören."

"Wenn Sie wollen, können Sie als indirekten Beweis noch hinzufügen, daß der geistige Doppelgänger das Medaillon überbrachte, welches das Eigentum der Farmersfrau war."

"Das sind überreiche Feststellungen, die mit Sicherheit klarlegen, daß der geistige Doppelgänger und die lebende Farmersfrau zusammengehören", bestätigte Tambke.

"Ich stimme vollkommen mit Ihnen überein. Zusammenfassend ist also einwandfrei sichergestellt:

1. Daß die Phantomgestalt keine Täuschung war.

2. Daß diese Phantomgestalt ein ganz selbständiges, unabhängiges Geistwesen war.

3. Daß dieses Geistwesen der Doppelgänger der Farmersfrau war.

4. Daß dieser geistige Doppelgänger und die noch lebende Farmersfrau zusammengehörten.

5. Daß sich der Doppelgänger der Farmersfrau von dem irdischen Körper trennen konnte und als ein unabhängiges und selbständig handelndes Geistwesen auftrat."

"Damit haben wir ja alle nur wünschenswerten Glieder, um die Unsterblichkeit und das persönliche Weiterleben zu beweisen!", rief Tambke freudig aus.

"Es freut mich, daß Sie das selbst und ohne mich erkannt haben."

"Das war doch keine Kunst. Diese Erkenntnis liegt ja klar zutage. Der Doppelgänger trennte sich von dem irdischen Körper und trat in Winnipeg als ein selbständig handelndes Wesen auf. In diesem Falle kehrte der Doppelgänger allerdings zum irdischen Körper zurück und verband sich wieder damit. Es war also nur eine vorübergehende Trennung. Es hätte aber ebensogut eine dauernde Trennung sein können, nämlich dann, wenn der Doppelgänger nicht zum irdischen Körper zurückgekehrt wäre, und dann würde für den irdischen Körper der Farmersfrau der Tod eingetreten sein, nicht aber für den Doppelgänger, der sich als ein selbständiges und unabhängiges Geistwesen in Winnipeg zeigte. Nach dem Todes des irdischen Körpers würde man den Doppelgänger der Farmersfrau als "Geist" bezeichnet haben."

"Richtig, und dann wäre das Geschehnis in Winnipeg ein spiritistischer Fall gewesen, so aber war es ein somnambules Ereignis. Wenn solche Vorkommnisse nämlich von dem Doppelgänger des lebenden Menschen ausgehen, so bezeichnet man es mit Somnambulismus, und wenn diese Vorkommnisse von demselben Doppelgänger herrühren, nachdem sein irdischer Körper gestorben ist, so bezeichnet man es mit Spiritismus."

"So eng sind also der Somnambulismus und der Spiritismus miteinander verwandt?"

"Der Somnambulismus ist eine Parallelerscheinung zum Spiritismus."

"Nun ist mir die ganze Sache vollkommen klar. Wir werden nicht erst geistige Wesen nach dem Tode, sondern wir alle sind jetzt schon geistige Wesen, nur noch angetan mit einem Zellkleide, und dieses geistige Wesen setzt nach Abstreifung des Zellenkleides, also nach dem sogenannten Tode, seine persönliche Existenz ohne Unterbrechung fort, nur unter anderen Bedingungen."

"Ihre Folgerung ist richtig und treffend, und nun werden Sie auch eine frühere Äußerung von mir verstehen, nämlich, daß wir gar nicht sterben können, selbst wenn wir es wollten."

"Jetzt weiß ich auch, wer der Künstler, Chemiker, Physiker, Physiologe, Arzt und Architekt in mir ist, der unermüdlich schafft und meinen irdischen Körper im Aufbau und in seinen Funktionen unterhält und beherrscht. Es ist das geistige Wesen, das jeder besitzt und welches bei der Farmersfrau als Doppelgängerin hervortrat.''

''Sehen Sie'', sagte Tomfohrde vergnügt,''wir kommen zu immer größerer Klarheit.''

''Nun ist mir ebenfalls klar, daß meine liebe Frau noch lebt und wahrscheinlich häufig bei mir ist, wenn auch unsichtbar für mich. Ebenso kenne ich nun den geheimnisvollen Mahner, der mich von schlechten Handlungen abzuhalten sucht, und den man das Gewissen nennt. Es ist mein unsichtbarer Doppelgänger.''

''Auch diese Erkenntnis trifft zu. Unser unsichtbarer Doppelgänger ist der geistige Erbe aller unserer Handlungen in Gedanken und Taten, und da er weiß, daß er unsterblich ist, und da er ferner weiß, daß gute Handlungen ihm Vorteil, schlechte Handlungen ihm Nachteil bringen, so ist er bestrebt, uns von schlechten Handlungen zurückzuhalten.''

''Damit haben wir ja die großartigsten Elemente einer zukünftigen Weltanschauung und einer Religion'', fiel Tambke begeistert ein.

''Es ist allerdings so. Ehe das jedoch allgemein erfaßt und erkannt wird, dürfte noch viel Wasser den Berg hinablaufen.''

''Von dem Rätsel des Menschen haben wir heute einige Seiten von ungeheurer Tragweite enthüllt. Das Rätsel ist dadurch aber noch größer geworden.''

''Gottes Wege und Anordnungen sind so erhaben, daß wir uns in Ehrfurcht davor beugen müssen.''

''Daß ein unsichtbares geistiges Wesen meinen Körper beherrscht und unterhält, sogar mein eigentliches Ich ist, ohne zur Kenntnis meines körperlichen Bewußtseins zu gelangen, ist das größte aller Rätsel und wunderbarer als alle somnambulen und spiritistischen Geschehnisse zusammengenommen", verlieh Tambke seinen Gedanken Ausdruck.

"Es ist wahr, ein größeres Rätsel gibt es nicht. Nur in Ausnahmefällen lernen wir unser Geistwesen in uns kennen. Solange alles wohl steht, hat es alle Hände voll zu tun, sein irdisches Werkzeug, den irdischen Körper, mit allen seinen Organen und Funktionen Tag und Nacht in Ordnung zu halten, und diese Tätigkeit zeugt für denjenigen, der sehen kann, von einem beispiellos hohen Können. In Schlafzuständen, wenn die Aufrechterhaltung der körperlichen Funktionen geringere Aufmerksamkeit in Anspruch zu nehmen scheint, und noch mehr bei manchen Krankheiten oder im Sterben, wenn die Fäden mit dem irdischen Körper mehr gelockert sind, tritt unser Geistwesen oftmals aus seiner Verborgenheit hervor. Dann lernen wir einige seiner weiteren Fähigkeiten, wenn auch nur verschwommen, kennen, die wir dann als Ahnungen, Wahrträume, zeitliches und räumliches Fernsehen, Fernwirken, medizinisches und geistiges Hellsehen, Doppelgängerei usw. bezeichnen."

"Wenn manche Menschen Todesfälle und Feuersbrünste vorher sehen können, so handelt es sich wohl auch um somnambule Fähigkeiten?"

"Es ist eine Art von zeitlichem Fernsehen, das sogenannte zweite Gesicht, übrigens eine unerfreuliche Gabe, die aber leicht zu höheren Fähigkeiten gesteigert werden kann. Und nun, lieber Tambke, wollen wir für heute Schluß machen. Wir wollen uns damit begnügen, erkannt zu haben, daß der Somnambulismus die Brücke zum Spiritismus ist."

V.

TOMFOHRDE BELEUCHTET DIE GESUNDHEITLICHEN VERHÄLTNISSE

Eine Woche nachher erneuerte Tambke seinen Besuch bei Tomfohrde und erklärte freudestrahlend:

"Ich habe die Zwischenzeit mit Erfolg dazu benutzt, nach somnambulen Personen Umschau zu halten. Bei meinen Handelsgeschäften komme ich viel mit Landleuten in Berührung, und wo sich eine Gelegenheit dazu bot, brachte ich das Gespräch auf Vorkommnisse, die in das Gebiet des Somnambulismus fallen. Wenn mich je etwas in Erstaunen versetzt hat, so war es der Umstand, daß fast alle diese Leute über solche Erlebnisse zu berichten wußten, sei es, daß die Geschehnisse in der eigenen Familie oder bei nahen oder entfernten Verwandten hervorgetreten waren, oder daß sie sie vom Hörensagen kannten."

"Es ist wirklich erstaunlich, wie häufig die somnambulen Fähigkeiten ohne unser Zutun hervortreten, und wie selten man doch im allgemeinen davon hört."

"Woher mag das kommen?"

"Meistens dürfte es wohl daran liegen, daß wir uns so wenig

darum kümmern und deshalb nur selten danach forschen. Aber auch die abergläubischen Erklärungen, die mit solchen Vorkommnissen meistens verknüpft werden, mögen schuld daran sein. Die Erklärung erscheint uns als ein Aberglaube, und dann schütten wir das Kind mit dem Bade aus."

"Es kann allerdings der Grund sein. Denn auch ich muß sagen, daß es mir wenig behagte, wie die Landleute diese Erscheinungen zu erklären suchten."

"Man kann den Leuten keinen Vorwurf daraus machen. Den Zusammenhang kennen sie nicht, und um sich eine Erklärung zu schaffen, verfallen sie auf altmodische, abergläubische Auslegungen. Man muß das Ereignis von der Erklärung trennen. Es sind zwei verschiedene Dinge. Das Ereignis besteht für sich, und die Erklärungsweise besteht für sich. Ein berichtetes Ereignis kann eine Tatsache sein, und eine Tatsache ist eine Wirklichkeit, die unwandelbar dasteht. Die Erklärung dagegen kann sehr verschieden ausfallen, je nach dem Stand unseres Wissens oder unserer Erkenntnis."

"Das habe ich nicht ganz begriffen."

"Ich will es Ihnen klarer machen, Tambke, und zur Verdeutlichung will ich Ihnen mit wenigen Worten eine Geschichte erzählen, die ich gestern gelesen habe."

"Das ist recht, Beispiele verdeutlichen eine Erklärung."

"Es ist eine Geschichte aus dem Mittelalter und spielt in bayerischen Landen. Ein junges Mädchen hatte die Gabe, durch Händeauflegen Kranke zu heilen. Die Geistlichkeit erfuhr davon, und dem Mädchen wurde der Prozeß gemacht. Die Gerichtsbarkeit erklärte diese Krankenheilungen für eine teuflische Kunst, und das Mädchen wurde als Hexe verbrannt. Hier müssen wir nun zwei Dinge unterscheiden, nämlich die Krankenheilungen und die Erklärungen dafür. Die Krankenheilungen wurden als eine Tatsache anerkannt und wurden auch nicht bestritten. Die Auslegung des

Gerichts, daß es sich um eine teuflische Kunst handele und das Mädchen eine Hexe sei, war dagegen eine unrichtige und abergläubische Erklärung. Die Krankenheilungen durch Händeauflegen hat man heute noch, die Erklärung dafür ist aber eine andere geworden. Man würde das junge Mädchen heute als Somnambule oder als ein Medium oder als eine Magnetiseurin bezeichnen."

"Das Beispiel hat mich tadellos aufgeklärt. Sie wollen damit sagen: Die Tatsachen bleiben, und die Erklärungen wechseln."

"Das haben Sie trefflich erfaßt, mein Freund."

"Bei Ihrer Erzählung hat mich Ihre Angabe besonders interessiert, daß man Krankenheilungen durch Händeauflegen auch heute noch hat. Davon habe ich mich selbst überzeugt. Ein Bruder von mir hatte Gelenkrheumatismus, und zwar im Wiederholungsfalle. Fast alle Gelenke waren geschwollen, und der Kranke litt Schmerzen von solcher Heftigkeit, daß er schrie und tobte. Zwei Ärzte behandelten ihn. Zur Linderung der Schmerzen wurden Einspritzungen gemacht, und als innere Heilmittel wurden Salicylsäure und Antipyrin angewandt. Aber nichts wollte helfen. Die Schmerzen und die Krankheit wurden noch schlimmer. Es trat Herzbeutelentzündung hinzu, und das Leben schwebte in höchster Gefahr. In dieser Not, wo die ärztliche Hilfe versagte, wandten wir uns an einen Nachbarn, einen jungen Landwirt, der eine sonderbare Heilkraft besaß und schon wahre Wunderkuren vollbracht hatte. Er kam und legte seine Hände auf die geschwollenen Gelenke. Und wunderbar, die Schmerzen wurden weniger. Dann strich der junge Landwirt mit beiden Händen über den ganzen Körper des Kranken und setzte das wohl fünfzehn Minuten lang fort. Die Schmerzen waren unter dieser Behandlung noch winziger geworden, das Fieber verschwand, und die Temperatur des Kranken wurde normal. Alles das nur durch Händeauflegen und Händestreichen durch einen Mann ohne medizinische Kenntnisse. Der junge Landwirt kam noch einige Male wieder und erneuerte dieselbe Behandlung. Nach fünf Tagen war mein Bruder vollständig hergestellt. Die beiden Ärzte zuckten mit der Achsel, die Heilung konnten sie jedoch nicht leugnen."

"Das war ein typischer Fall von Gesundung durch Heilmagnetismus, und der junge Landwirt war ein ausgezeichneter Heilmagnetiseur", erklärte Tomfohrde.

Ergänzend fügte er hinzu: "Ich habe eine ähnlich Erfahrung an mir selbst gemacht. Es war in St. Louis. Ich wohnte in einem Gasthof, dessen Besitzer ein Deutscher war. Dort war es, wo ich an einer schweren Nervenentzündung erkrankte. Die Muskeln erschlafften, und meine Gliedmaßen waren wie abgestorben und fast gelähmt. Dabei traten Schmerzen von wechselnder Größe auf, die bald stechend, bald reißend waren. Ein tüchtiger Arzt, ebenfalls ein Deutscher, behandelte mich, konnte aber trotz aller Bemühungen innerhalb dreier Wochen keine Besserung erreichen. Auf meine Vorstellungen erwiderte er, daß ich mich auf eine Krankheitsdauer von einem Jahre gefaßt machen müsse und froh sein könne, wenn ich ohne dauernde Lähmung davonkäme. Das waren böse Aussichten. Mein Logiswirt, dem ich mein Leid klagte, erzählte mir von einem Neger, der durch Streichen mit den Händen erstaunliche Heilungen vollbringe. Mein Glaube war gering, aber meine Not groß, und so ließ ich den Neger kommen. Er stellte sich bald bei mir ein und strich mit seinen Händen erst über die erschlafften und fast gelähmten Gliedmaßen und dann über meinen ganzen Körper. Eine eigenartige Kraft ging von seinen Händen aus, die beruhigend und belebend zugleich auf mich wirkte. Anfänglich kam er täglich, nachher alle zwei bis drei Tage, und nach vier Wochen war ich ganz geheilt."

"Wo solch überraschende Heilwirkungen vorliegen, muß auch eine entsprechende Heilkraft vorhanden sein. Haben Sie dafür eine Erklärung?"

"In langen Jahren des theoretischen und praktischen Studiums habe ich diesen Gegenstand inzwischen erforscht und bin dabei zu klaren Ergebnissen gekommen, die ich Ihnen mitteilen will."

"Ich bin gespannt, näheres über diese Heilmethode zu erfahren. Vielleicht kann auch ich praktischen Nutzen daraus ziehen."

"Das werden Sie ganz gewiß, und manche Mark, die Sie sonst

zum Arzt und Apotheker getragen haben, werden Sie ersparen können. Hunderte von Personen habe ich mit dieser Heilkraft und deren Anwendung schon vertraut gemacht und sie veranlaßt, diese Heilkraft selbst und in ihrer eigenen Familie anzuwenden. Die Wirkungen waren überraschend. Manche Krankheiten, die sonst ständiger Gast in jenen Familien waren, verschwanden ganz und gar, andere wurden gemildert, und den meisten Krankheiten wurde vorgebeugt derart, daß sie gar nicht erst zum Ausbruch kamen, was natürlich die beste Methode ist.''

''Das muß ja ein ganz wunderbares Heilverfahren sein.''

''Besser als irgendwelches andere Heilverfahren und dabei einfach, wie das Ei des Kolumbus.''

''Und Sie meinen'', fragte Tambke, ''daß auch ich dieses Heilverfahren in meiner Familie anwenden kann?''

''Sie und jeder andere.''

''Das wäre aber doch ein wahrer Segen für die Menschheit.''

''Sicherlich. Wenn dieses Verfahren erst allgemein bekannt ist und allgemein angewendet wird, werden wir neunzig Prozent weniger Krankheiten haben, als es jetzt der Fall ist.''

''Ja, mit der Gesundheit sieht es im allgemeinen trübe aus.''

''Freilich, Tambke. Es ist ein trauriges Mißverhältnis zwischen der Gesundheit der Menschheit und den riesenhaften Aufwendungen dafür. Hunderttausende von Ärzten sind tätig. Zahllose Krankenhäuser, Sanatorien, Kliniken und andere Heilanstalten sind in Benutzung. Bäder für Wasser-, Luft- und Lichtkuren werden ausgiebig angewendet. Spezialärzte für jedes menschliche Organ und für alle gesonderten Krankheitsformen sind in Scharen vorhanden. Die sanitären und hygienischen Maßnahmen und Einrichtungen sind glänzend durchgeführt und verdienen hohes Lob. Und trotz aller dieser ungeheuren Anstrengungen gibt es Krankheit über

Krankheit. Ein Heer von Krankheiten des Körpers und der Seele ist vorhanden und nicht in der Abnahme, sondern ständig in der Zunahme begriffen."

"Das ist wahr. Die Seuchen, die gelegentlich wie ein Gewittersturm über die Völker dahinbrausten, sind allerdings eingedämmt. Aber diese gelegentlich große Münze ist in eine Unmasse von kleinen Münzen umgewechselt, die sich dauernd eingenistet haben. Alles krankt und kränkelt immerfort. Die Krankheiten und das Unwohlsein in tausend Formen sind ständige Gäste geworden. Was mag die Ursache dafür sein?"

"Man sagt, der Kampf ums Dasein sei schwerer und das ganze Leben aufreibender geworden."

"Man kann diese Erklärung bis zu einem gewissen Grade gelten lassen. Aber die Wirkung aus dieser Ursache muß als aufgehoben gelten durch die allseitige gesundheitliche Fürsorge, die niemals so groß geworden ist wie jetzt. Das eine dürfte wohl das andere ausgleichen. Mir scheint, das Übel muß anderswo liegen."

"Das ist auch meine Meinung. Nach meinen Beobachtungen sind für die traurigen Gesundheitsverhältnisse im wesentlichen zwei Ursachen verantwortlich zu machen."

"Und welches sind diese beiden Ursachen?"

"Erstlich, daß wir in eine allzu große Abhängigkeit von fremder Hilfe geraten sind. Bei dem Ausbruch irgendwelcher Krankheit, ob klein oder groß, stehen wir ratlos da. Die Behandlung von Krankheiten ist uns nirgends gelehrt. Wir werden mit einer Unmasse von Wissensplunder vollgestopft, aber über eine der allerwichtigsten Erscheinungen des täglichen Lebens, über Krankheiten und deren Behandlung, wird uns eine Belehrung nicht zuteil. Wir werden sogar geflissentlich und künstlich davon abgehalten. Die Behandlung von Krankheiten ist einem besonderen Stande vorbehalten und ist zum ängstlich gehüteten Monopol der Ärzte geworden. Mischt sich ein anderer darein, so wird er als Kurpfuscher verschrien."

"Über diese Seite habe ich niemals nachgedacht. Doch kann ich Ihren Darlegungen die Zustimmung nicht versagen. Die berufliche Ausübung der Krankenbehandlung muß allerdings unter Kontrolle gestellt sein, sonst würde es zu Auswüchsen führen. Die Regelung muß aber nach höheren Gesichtspunkten geschehen, als es bisher der Fall war. Insbesondere darf die Rücksicht auf den Ärztestand niemals ein Hindernis sein, mit allen Mitteln dafür zu sorgen, daß Belehrungen ins Volk getragen werden, die geeignet sind, die Ratlosigkeit beim Ausbruch einer Krankheit zu nehmen."

"Man könnte sich die Alleinherrschaft der Ärzte ruhig gefallen lassen", fuhr Tomfohrde fort, "wenn man die Sicherheit hätte, daß sie die Krankheit richtig erkennen und die rechten Mittel zur Heilung anwenden. Aber da hapert es ungemein. Bei der inneren Heilkunde ist es überwiegend ein Raten und Probieren. Eine Unmasse von Fehlgriffen ist dadurch unvermeidlich, und die Folgen sind oftmals erdenklich schlimm."

"Davon kann ich Ihnen ein Lied singen."

"Lassen Sie nur, mein Freund. Jeder oder fast jeder kann ein Beispiel davon geben. Das genügt, um zu wissen, wie ungewöhnlich häufig die Irrungen der Ärzte sind. Das darf dem einzelnen Arzt freilich nicht immer zur Last gelegt werden. Wir können glücklicherweise behaupten, daß unsere Ärzte ihren schwierigen Beruf, der sie nur mit den Schattenseiten des menschlichen Lebens zusammenführt, mit lobenswerter Hingebung erfüllen. Die Schuld liegt in der Unvollkommenheit der akademischen Methoden und in der Feindseligkeit, mit welcher neue Anregungen, die nicht aus den Reihen des Ärztestandes stammen, behandelt werden. Um von den vielen Beispielen eins zu wählen, erwähne ich das Naturheilverfahren. Mit Schmähungen und harten Ausdrücken wurde von den Ärzten jahrelang dagegen gekämpft. Schließlich wurde es still, und die Ärzte nahmen das Naturheilverfahren nunmehr für sich in Beschlag."

"Dieses Beispiel zeigt, wie sehr die Kenntnisse der Ärzte erweiterungsbedürftig sind und wie nützlich die Vorschläge anderer wirken können."

"Man vergißt so leicht, daß die Heilkunde, jedenfalls die sogenannte innere Medizin, gar keine Wissenschaft ist, kaum als eine Hilfswissenschaft bezeichnet werden darf, vielmehr nur eine mehr oder minder geschickte Probierkunst darstellt, welcher das feste Fundament des Unterbaues noch fehlt. Unter diesen Umständen ist die ärztliche Unduldsamkeit nicht berechtigt."

"Für die Chirurgie werden Sie aber doch wohl eine Ausnahme zulassen", warf Tambke ein.

"Gewiß, und gern. Meine Ausführungen bezogen sich insbesondere auf die sogenannte innere Medizin. Die Chirurgie ist ein anderer Zweig der Medizin und wird als äußere Medizin bezeichnet. Die Chirurgie hat es meistens in Hinsicht auf die Erkennung der Krankheit leichter, weil die Erkrankung mehr oder minder deutlich zutage tritt. Dieser Umstand hat eine systematische Entwicklung der Behandlung ermöglicht und die Chirurgie zu immer größeren Leistungen befähigt. Für die innere Medizin treten die Merkmale dagegen viel seltener klar zutage, um die Krankheiten richtig erkennen zu können. Aus dieser Schwierigkeit ergeben sich die vielen Mißgriffe im Heilverfahren. Die Diagnose zu stellen, also die Krankheit richtig zu erkennen, ist in der inneren Medizin die höhere Kunst. Ein guter Diagnostiker ist meistens auch ein geschickter Arzt, weil er aufgrund der richtigen Erkennung der Krankheit hinsichtlich des geeigneten Heilverfahrens seltener irrt. Gute Diagnostiker sind jedoch verhältnismäßig selten. Ich wiederhole jedoch ausdrücklich, daß ich dem einzelnen Arzt einen Vorwurf nicht zu machen wünsche. Sein Beruf ist ernst und aufreibend und hat seine unbedingte Berechtigung."

"So habe ich Ihre Worte auch aufgefaßt. Sie meinen, daß die Abhängigkeit von der chirurgischen Hilfe berechtigt ist, weil es sich bei der Chirurgie um eine systematisch durchgebildete, fortschreitende Wissenschaft handelt, daß das Monopol der inneren Medizin dagegen eingeschränkt werden muß, solange diese innere Medizin noch in den Windeln liegt und keine systematisch durchgeführte Wissenschaft ist."

"Die geflissentlich gezüchtete Unkenntnis über die Behandlung von Krankheiten hat nicht nur den Übelstand an sich, daß wir einer ausgebrochenen Krankheit ratlos und kopflos gegenüberstehen und ganz und gar vom Arzt abhängig sind, sondern es ist noch eine andere üble Erscheinung damit verknüpft. Es ist uns nämlich die Befähigung abhanden gekommen, einer Krankheit vorzubeugen und ihren Ausbruch zu verhindern, eine Kurmethode, die unvergleichlich die allerbeste ist."

"Das ist unzweifelhaft wahr. Wer die Kunst verstände, Krankheiten zu verhüten und ihren Ausbruch zu verhindern, wäre der allergeschickteste Arzt, und die Zahl der Krankheiten würde auf einen Bruchteil herabgemindert werden."

"Über diese beste aller Kurmethoden, einer Krankheit vorzubeugen, wollen wir nächstens noch ausführlich reden."

"Sie sagten", forschte Tambke weiter, "daß für die traurigen Gesundheitsverhältnisse im wesentlichen zwei Ursachen verantwortlich zu machen seien. Die eine Ursache haben wir eben behandelt, und welche ist die andere?"

"Der Materialismus, mein Freund. Wir und die Ärzte haben uns allzusehr daran gewöhnt, nur den sichtbaren Körper zu behandeln. Das Unsichtbare darin vergessen wir oder leugnen es gar, obleich es uns in seiner Wirkung deutlich genug vor Augen tritt."

"Wie meinen Sie das?"

"Das will ich Ihnen sagen. Nehmen wir einen ganz einfachen Fall. Sie haben sich mit einem Messer verletzt und Fleisch und Haut dabei weggeschnitten. Sofort beginnt ein Heilprozeß. Es bildet sich neues Fleisch, überzieht sich mit neuer Haut, und alles ist wieder in bester Ordnung. Wer war es, der hier geheilt hat und Tausende von winzigen Zellen organisch aneinanderfügte, bis die Heilung vollzogen war? Wer ist es, der in allen Krankheiten, ob groß oder klein, die Heilung ausführt?"

"Man sagt, es sei die Natur."

"Gut. Aber diese Natur kann nicht blind sein, wenn sie so zweckmäßig arbeitet, so glänzend organisiert, eine so wunderbare Heilung vollbringt und damit zeigt, daß sie den Körper beherrscht. Für die unbestimmte Bezeichnung Natur müssen wir einen präziseren Ausdruck suchen."

"Es wird sicherlich unser unsichtbarer Doppelgänger sein", meinte Tambke.

"Richtig, Freund, unser unsichtbarer Doppelgänger ist es, der die Heilung vollbringt, und den wir schon beim Somnambulismus als einen Künstler, Chemiker, Physiker, Physiologen, Architekten und Arzt erkannt haben, der unseren Körper und alle seine Funktionen organisiert, unterhält und beherrscht."

"Das ist wahr. Es unterliegt keinem Zweifel, daß nur der eigene, innere, unsichtbare Gelehrte die Heilung vollzieht."

"Kein Arzt, kein Mediziner kann heilen. Das vermag allein nur der Heilkünstler in uns. Schopenhauer machte den Ärzten deshalb auch den Vorwurf, daß sie diese Naturheilkraft leugnen, sich aber für die Leistungen des unsichtbaren Heilkünstlers bezahlen lassen."

"Darin hat Schopenhauer gar nicht so unrecht."

"Der Mediziner kann im besten Falle günstige Bedingungen schaffen, um den inneren Heilkünstler zu unterstützen und ihm die Arbeit zu erleichtern", fuhr Tomfohrde fort. Eine solche Unterstützung ist natürlich äußerst wertvoll, sie kann aber noch viel besser gestaltet und weiter ausgedehnt werden, als es durch die Mediziner geschieht. Diese weit bessere Unterstützung wird durch den Heilmagnetismus bewirkt, über den wir, seiner Wichtigkeit wegen, das nächstemal ausführlich reden wollen."

VI.

TOMFOHRDE GIBT ANWEISUNGEN FÜR DAS MAGNETISCHE HEILVERFAHREN

"Das unsichtbare Geistwesen in uns haben wir bisher Doppelgänger genannt", begann Tomfohrde. "Andere bezeichnen dasselbe Geistwesen in uns als Seele oder als Astralwesen oder als Astralleib oder als transzendentales Subjekt. Auch andere Namen sind dafür im Gebrauch. Diese vielen Benennungen bezeichnen ein und dasselbe, nämlich jenen unsichtbaren Doppelgänger, wie wir ihn bei der Farmersfrau sehr genau kennengelernt haben."

"Es sind reichlich viele verschiedene Namen. Ich würde es vorziehen, wenn wir uns auf einen Ausdruck beschränken und daran festhalten."

"Ganz einverstanden. Ich würde die Bezeichnung "Astralwesen" vorschlagen."

"Mit ist es recht", erwiderte Tambke, "wenn wir uns nur einig sind, was wir darunter verstehen."

"So wollen wir künftig an der Benennung "Astralwesen" festhalten und verstehen darunter jenes Geistwesen, welches der unsichtbare Gelehrte in uns ist."

"Das unsichtbare Geistwesen in uns und an uns, das unermüdlich tätig ist, unseren irdischen Körper zu organisieren und mit allen seinen Funktionen in Ordnung zu halten, wollen wir also nicht mehr Doppelgänger nennen, sondern wir wollen es umtaufen und "Astralwesen" heißen."

"Dieses unser Astralwesen kann die nötige Ordnung in unserem irdischen Körper jedoch nur dann aufrecht erhalten, wenn ihm ein geeignetes Verbindungsmaterial zur Verfügung steht."

"Ich dachte", wandte Tambke ein, "daß unser Astralwesen den Körper ohne weiteres beherrscht und regiert."

"Nein, Freund, es braucht dazu eine besondere Substanz, die ständig erneuert und abgesondert wird."

"Wie wollen Sie das Vorhandensein einer solchen Substanz aber feststellen?"

"Das ist leichter, als Sie denken. Wenn Sie von hier fortgehen, stundenweit und irgendwohin, ohne mir das Ziel Ihrer Wanderung zu nennen, so werde ich Sie dennoch ohne Schwierigkeit finden können, ohne einen Menschen befragen zu brauchen."

"Dann können Sie mehr als Brotessen."

"Ganz einfach. Ich setze einen Hund auf Ihre Spur."

"Das ist wahr. Daran hatte ich nicht gedacht."

"Der Hund läuft aber nicht einen nächstbesten oder beliebigen Weg nach dem Ziel, wo Sie sich gerade befinden, sondern er folgt ganz genau auf demselben Wege, den Sie vorher gegangen sind, mit allen denselben Windungen und Wendungen, die Sie auf Ihrem Wege gemacht haben."

"Auch das ist richtig."

"Sie müssen also auf dem ganzen Wege etwas abgesondert haben, das der Hund wahrzunehmen vermag, weil er sonst nicht imstande wäre, ganz genau denselben Weg zu laufen, den Sie vorher gegangen sind."

"Das ist sicher. Abdrücke im Boden können es nicht sein, weil der Hund ebensogut auf hartem und steinigem Boden folgt, wo Bodenabdrücke nicht entstehen. Es muß somit irgendwelche Substanz sein, die ich auf dem ganzen Wege zurückgelassen habe."

"So ist es. Wo immer Sie gehen oder stehen, sondern Sie diese Substanz ab und lassen sie als Spur zurück. Die Absonderung erfolgt namentlich an den Händen und an den Füßen, aber auch an anderen Körperteilen."

"Läßt sich denn auch das nachweisen?"

"Es gibt Menschen, sogar viele, die es im Stockfinstern sehen können. Zu dem Zweck stellt man in einem Zimmer totale Finsternis her. Die Abdichtung muß aber so vollkommen sein, daß auch nicht eine Spur von Licht eindringen kann. Der allergeringste Schimmer würde den Erfolg verhindern. Gehen Sie zusammen mit einer Anzahl Personen in diesen total finsteren Raum und verweilen Sie darin einige Stunden. Nach einiger Zeit, manchmal schon nach einer Viertelstunde, manchmal erst nach einer Stunde, werden Sie hören, daß der eine oder andere Ausstrahlungen an den Händen und Füßen der anwesenden Personen sieht. Bald erkennt er sogar, daß die Ausstrahlungen von allen Körperteilen ausgehen, am stärksten aber von den Händen und Füßen."

"Sie sehen mich ganz verwundert, Tomfohrde. Sie rufen in meine Erinnerung ein mehrfaches Vorkommnis zurück, das ich bislang als Phantasterei betrachtet habe. Es waren mir kleine Sachen abhanden gekommen, und ich hatte einen Nachbarn im Verdacht, die Entwendungen ausgeführt zu haben. Einige Male abends, wenn meine Tochter Betty und ich allein zu Hause waren, sind wir in auffälliger Weise fortgegangen, schlichen uns aber leise zurück, um den Dieb zu ertappen. Als Versteck wählten wir den Vorratskeller. Es war ein ausgemauerter Raum im Erdboden und befand sich in meiner Wohnung unterhalb des Vorplatzes. Wenn man eine Klappe aufhob, konnte man in diesen Keller gelangen, der keinerlei Fenster hatte, und wenn die Klappe wieder niedergelassen war, konnte auch nicht ein Schimmer von Licht eindringen. In diesem dunklen Versteck saßen wir mehrfach, und jedesmal sagte meine Tochter nach einiger Zeit des Verweilens, daß ich ganz und gar in einen hellen Dunst gehüllt erscheine, der gerade emporsteige und insbesondere vom Kopfe und von den Händen und Füßen ausginge. Wenn ich den einen oder anderen Arm oder auch ein Bein ausstreckte, ohne ein Geräusch verursacht zu haben, konnte sie im Stockfinstern die betreffende Hand oder den betreffenden Fuß ohne Tasten sofort ergreifen, weil sie die Stelle durch die Ausstrahlungen genau erkannte. Diese dunstigen Absonderungen waren für sie leuchtend und erschienen ihr sogar in farbigem Licht, teils blau, teils rot. Ich habe damals keinen Wert darauf gelegt und die Angaben mehr als Phantasiegebilde betrachtet.''

''Das ist ja prachtvoll, Tambke. Sie haben zufällig eine Entdeckung gemacht, die auch schon andere gemacht haben, und welche Freiherr von Reichenbach auf das sorgfältigste untersucht hat. Reichenbach war ein Großindustrieller und gleichzeitig ein bedeutender Naturforscher. Er besaß große Eisenwerke und war der Entdecker des Kreosots, des Paraffins und anderer Stoffe. 1869 starb er. Die letzten zwanzig Jahre seines Lebens befaßte er sich mit der Erforschung jener Ausstrahlungen. In glänzender Weise und nach streng wissenschaftlicher Methode hat er seine Versuche durchgeführt. Über 13 000 Experimente hat er gemacht und hat etwa 600 Personen männlichen und weiblichen Geschlechts dazu verwendet, von denen er sogar 160 mit Namen nennt, vom Arbeiter aufwärts bis zum Fürsten. Und alle diese Personen haben dieselben Ausstrahlungen gesehen wie Ihre Tochter. Die Ergebnisse seiner Forschung hat er in Werken veröffentlicht, die insgesamt rund 2800 Druckseiten umfassen.''

''Und von derart wichtigen Versuchen hört man nichts?''

''Es ist eine bekannte Erfahrung, daß neue Wahrheiten anfänglich unterdrückt und verkannt werden, bis sie zu geeigneter Zeit zur Anerkennung kommen. Aber die Arbeiten des Freiherrn von Reichenbach waren nicht vergeblich. Andere Gelehrte in Deutschland haben die Arbeiten inzwischen fortgesetzt und ausgebaut, und namentlich hervorragende französische Gelehrte haben dieses Gebiet als ein ergiebiges Feld ihrer Tätigkeit erfaßt."

"Es interessiert mich, weitere Angaben über die Ergebnisse der Untersuchungen kennzulernen."

"Die Prüfungen wurden auf Menschen, Tiere, Pflanzen, Kristalle usw. ausgedehnt. Alles sendet diese dunstigen Substanzen aus, die sogar leuchtend sind und in rotem und blauem Lichte erscheinen. Diese leuchtenden, dunstigen Massen bezeichnete Reichenbach mit Od, während andere sie Lebenskraft, Lebensmagnetismus, Heilmagnetismus, animalischer oder tierischer Magnetismus, spirituelle Kraft, Fluidum usw. benannten."

"Zu viele Namen, man wird ja ganz verwirrt."

"Wir wollen uns auf die Bezeichnungen Magnetismus und Od beschränken. Es besteht außerdem noch eine andere Verwirrung. Reichenbach benennt das rotleuchtende Od mit positiv und das blauleuchtende Od mit negativ. Andere, namentlich die französischen Gelehrten, haben entgegengesetzte Bezeichnungen gewählt, indem sie das rotleuchtende Od negativ, das blauleuchtende Od positiv nennen. Die Bezeichnungen beziehen sich nur auf die Benennungen, nicht auf die Sache. Hinsichtlich der Qualität und der Farbe des Od sind sich alle einig. Um deshalb Verwechslungen zu vermeiden, wollen wir das Od nach seiner Lichtfarbe unterscheiden und als rot oder rotleuchtend und als blau oder blauleuchtend bezeichnen."

"Einverstanden. Wir haben uns also auf die Ausdrücke Magnetismus und Od geeinigt, welche beiden Ausdrücke wir abwechselnd anwenden, und die Qualität charakterisieren wir durch rot oder rotleuchtend und durch blau oder blauleuchtend."

"Uns interessiert namentlich das Od des Menschen", fuhr Tomfohrde fort, "und die Aussagen Ihrer Tochter sind vollkommen richtig. Der Mensch strahlt am ganzen Körper Od aus, hauptsächlich an den Händen und Füßen. Das Besondere dabei ist, daß die ganze rechte Hälfte des Körpers in blauem odischem Licht, und die ganze linke Hälfte in rotem odischem Licht leuchtet."

"Gilt jede Hälfte vom Kopf bis zu den Füßen?"

"Wenn Sie sich den Menschen vom Scheitel an in zwei Hälften gespaltet denken, so leuchtet die rechte Kopfseite, die rechte Körperseite, der rechte Arm und das rechte Bein in blauem Licht, die ganze linke Hälfte in rotem Licht."

"Das sind ja ganz neue Erscheinungen, die am Menschen offenbart werden."

"In der Tat. Aber nicht alle Menschen können dieses odische Licht im Stockfinstern sehen, doch manche. Von 100 Personen sind es im Durchschnitt 10, und die Leute, die das Od sehen können, nennt man sensitiv."

"Somit ist meine Tochter also auch sensitiv?" forschte Tambke.

"Sicherlich. Scheinbar sogar hochsensitiv. Man unterscheidet die Sensitiven nämlich noch in schwachsensitiv, mittelsensitiv und hochsensitiv."

"Meine Tochter ist aber vollständig gesund."

"Die Sensitivität hat mit Gesundheit oder Krankheit nichts zu tun. Man findet die Sensitiven unter Gesunden und Kranken, unter Männern und Frauen, unter Knaben und Mädchen."

"Das menschliche Od läßt sich auf Sachen übertragen", erklärte Tomfohrde weiter. "Stellen Sie zwei Gläser mit kaltem oder kühlem Wasser auf den Tisch und halten Sie etwa fünf Minuten die Fingerspitzen der linken Hand ganz dicht über das Wasser in dem einen Glas und die Fingerspitzen der rechten Hand ganz dicht über das Wasser in dem anderen Glase. Ein Sensitiver wird das Wasser im Stockfinstern dann leuchten sehen. Das Wasser, das Sie mit der linken Hand behandelt haben, leuchtet rot, das andere Wasser, mit der rechten Hand behandelt, leuchtet blau. Wenn Sie einer sensitiven Person das Wasser zu trinken geben, so werden Sie eine neue überraschende Feststellung machen. Die sensitive Person wird Ihnen sagen, daß das blauleuchtende Wasser, mit der rechten Hand behandelt, erfrischend kühl und angenehm schmeckt, während das rotleuchtende Wasser, mit der linken Hand behandelt, einen widrigen, lauen Geschmack hat. Ist es eine hochsensitive Person, so werden die Geschmacksempfindungen noch gesteigert sein, und zwar wird diese das blauleuchtende Wasser in noch höherem Grade erfrischend kühl und angenehm finden, das rotleuchtende Wasser wird ihr dagegen Ekel und oftmals Erbrechen verursachen.''

''Das sind ja ganz wunderbare Erkenntnisse. Sensitive Menschen können das Od sehen und schmecken, und die Hunde können es riechen. Es ist noch obendrein in der Lichtfarbe und im Geschmack verschieden.''

''Ja, Freund, und das Gefühl kommt noch hinzu. Halten Sie die Fingerspitzen Ihrer rechten Hand dicht über den entblößten Arm einer sensitiven Person, ohne den Arm zu berühren, und führen Sie Ihre Fingerspitzen langsam den Arm hinunter und über die Hand der sensitiven Person hinaus. Wiederholen Sie es mehrere Male, und Ihre sensitive Versuchsperson wird es deutlich fühlen, meistens als einen kühlen Hauch. Sie können dasselbe Experiment auch mit Ihrer linken Hand am rechten Arm machen, oder Sie können den Versuch an anderen Körperteilen ausführen.''

''Hat jedermann ein entsprechendes Gefühl dabei?''

''Nein. Nur sensitive Personen sehen, schmecken und fühlen das Od, und je stärker sensitiv, um so besser.''

''Und wie ist es mit dem Magnetismus oder Od in gesundheitlicher Beziehung?''

"Darüber wollen wir uns sofort unterhalten. Bekanntlich ist ein geregelter Stoffwechsel eine Bedingung für die Gesundheit des Körpers. Neben diesem bekannten Stoffwechsel findet aber fortwährend noch ein magnetischer oder odischer Stoffwechsel statt, wie wir eben festgestellt haben. Diese beiden Stoffwechsel stehen in enger Beziehung zueinander. Eine Störung des einen bedingt eine Störung des anderen, und jede dieser Störungen hat eine Verschiebung des Gleichgewichts im Gefolge, was in Ermattung, Unpäßlichkeit, Unwohlsein und mehr oder minder scharf ausgeprägter Krankheit zum Ausdruck kommt."

"Ich beginne zu ahnen, daß der magnetische oder odische Zustand, den wir aus Unkenntnis ganz vernachlässigen, von großer Bedeutung ist."

"Sogar von sehr großer Bedeutung. Auf die gute Beschaffenheit des Od, auf die richtige Verteilung des Od und auf den geregelten Stoffwechsel des Od kommt viel, fast alles an, namentlich wenn Sie berücksichtigen, daß unser Astralwesen, unser innerer Arzt, den Körper nur unter Anwendung von Od regieren kann. Störungen im Od haben Störungen in der Gesundheit im Gefolge, und gleichzeitig wird deshalb, je nach dem Grade der odischen Störung, die Heiltätigkeit des Astralwesens erschwert oder verhindert."

"Ihre Klarlegung schiebt die Bedeutung des Od immer mehr in den Vordergrund."

"Die Bedeutung des Od kann gar nicht genug betont werden. Eine immerwährende Ebbe und Flut im odischen Zustand findet statt. Im Wachen und bei stärkeren körperlichen und geistigen Anstrengungen ist der Verbrauch an Od größer als die Ansammlung. Im Schlaf ist es umgekehrt. Einen besonders großen Verbrauch an Od hat das Gehirn. Ohne Schlaf würde eine odische Aufspeicherung im Gehirn nicht möglich sein, und der Mensch muß bei längerer Dauer gänzlicher Schlaflosigkeit zugrunde gehen."

"Und welches ist die Quelle der Od-Erzeugung?"

"Die Quelle für das Od sind die chemischen und physikalischen Vorgänge, die immerwährend im Körper vor sich gehen. Alle chemischen Vorgänge erzeugen blauleuchtendes Od, andere Vorgänge, wie beispielsweise der Blutkreislauf durch Reibung, erzeugen rotleuchtendes Od. Gesundheitliche Störungen können hochsensitive Personen sofort an der veränderten Lichtfarbe des Od erkennen. An dem Sitz einer inneren oder äußeren Krankheit ist das Od immer rot oder röter gefärbt. An der rechten Körperhälfte sind die kranken Stellen durch rötliches, anstatt blaues Od gekennzeichnet, und an der linken Körperhälfte ist das ohnehin rote Od an den kranken Stellen noch intensiver rot gefärbt."

"Das Od scheint ja eine ganze Wissenschaft für sich zu sein."

"Die ungeheure Bedeutung des Od und seine Vielseitigkeit habe ich Ihnen mit wenigen Worten nur leise andeuten können. Für unsere Zwecke sind diese Andeutungen aber ausreichend."

"Vollkommen, um mich von der Bedeutung des Od im menschlichen Körper zu überzeugen."

"Gut, dann können wir zur odischen Heilbehandlung oder zum Heilmagnetismus übergehen. Wir haben schon früher erkannt, daß ein Mediziner nicht heilen kann, sondern nur die Heiltätigkeit unseres Astralwesens zu unterstützen vermag. Die eigentliche Heiltätigkeit übt immer unser eigenes Astralwesen aus. So ist es auch beim Heilmagnetismus. Durch Übertragung von frischem Od, durch richtige Verteilung des Od und durch die Regelung des odischen Stoffwechsels unterstützen wir die Heiltätigkeit unseres Astralwesens in einer Weise, wie es gleich günstig durch keine andere Methode möglich ist. Diese Heilmethode wirkt immer fördernd, im gesunden und kranken Zustande und ausnahmslos bei jeder Krankheit. Sie wirkt niemals schädlich, wie so oft die medizinischen Methoden. Bewährte Heilmittel, die vom Arzt verschrieben werden oder in bekannten Hausmitteln bestehen, sollen nicht außer acht bleiben. Die heilmagnetische Behandlung muß aber gleichzeitig und immer Anwendung finden, ob es sich um eine innere Krankheit oder einen chirurgischen Eingriff handelt, weil jede Heilbehandlung, wie immer sie auch heißen mag, durch den Heilmagnetismus eine kräftige und oftmals entscheidende Unterstützung erfährt."

"Ist die odische Behandlung schwierig auszuführen?"

"Ganz im Gegenteil, sie ist äußerst einfach. Sie lassen Ihre Hände einige Zeit auf den erkrankten Körperteilen ruhen, und zwar behandeln Sie mit der linken Hand die rechte Körperhälfte und mit der rechten Hand die linke Körperhälfte des Kranken. Dann streichen Sie in häufiger Wiederholung mit beiden Händen über den ganzen Körper des Kranken und teils nur über die erkrankten Teile, immer in der Richtung von oben nach unten."

"Über eine Reihe von Einzelfragen hätte ich gern näheren Aufschluß erhalten, um noch vorhandene Unklarheiten zu beseitigen."

"Es wird am besten sein, wenn Sie Ihre Einzelfragen stellen. Dadurch wird mir Gelegenheit geboten, die magnetische Behandlung gründlicher darzulegen, und Sie werden den Vorteil haben, alle wünschenswerten Aufklärungen zu erlangen."

"Wirkt die odische Heilbehandlung auf alle ein oder nur auf sensitive Personen?"

"Die odische Heilbehandlung wirkt auf jedermann, ob sensitiv oder nicht. Der Unterschied ist nur, daß sensitive Personen die Einwirkung deutlich fühlen, während nichtsensitive Personen gar nichts fühlen. Die heilende Wirkung ist aber dennoch und im gleichen Maße vorhanden."

"Ist es einerlei, ob man mit der rechten oder linken Hand magnetisiert?"

"Durchaus nicht. Gleichfarbiges Od stößt der Körper ab, ungleichfarbiges Od zieht er an. Daraus ergibt sich, daß Sie die rechte Seite eines Kranken immer mit Ihrer linken Hand, und die linke

Seite eines Kranken immer mit Ihrer rechten Hand magnetisieren müssen. Dann wirkt das blaufarbige Od Ihrer rechten Hand auf das linksseitige rotfarbige Od des Kranken, und das rotfarbige Od Ihrer linken Hand behandelt das rechtsseitige blaufarbige Od des Patienten."

"Wir haben uns schon über zwei heilmagnetische Behandlungen unterhalten, und zwar wurde der Gelenkrheumatismus meines Bruders und gleichfalls Ihre Nervenentzündung mit Erfolg magnetisiert. In beiden Fällen wurden durch die Magnetiseure Handstriche über die erkrankten Teile und über den ganzen Körper ausgeführt. Haben diese Handstriche eine besondere Bedeutung?"

"Ja, das haben sie. Die Erklärung für diese Striche, und die Erklärung für die Richtung der Striche wollen wir beiseite lassen und wollen nur feststellen, daß die heilenden Handstriche immer von oben nach unten gemacht werden müssen, also immer in der Richtung vom Kopf nach den Füßen. Es sind das *Fortstriche*. Wenn Sie es umgekehrt machen, wenn Sie also von unten nach oben streichen, so sind es *Gegenstriche*."

"Muß die streichende Hand den Körper oder die Kleidung des Kranken berühren?"

"Am besten ist es, wenn die streichende Hand den Körper oder die Kleidung des Kranken berührt und direkt darüber hinwegstreicht. Manchmal können Kranke die direkte Berührung aber nicht vertragen, oder offene Wunden machen es untunlich. Dann macht man die Handstriche in einem kleinen Abstand vom Körper, etwa ein oder zwei Zentimeter davon entfernt."

"Verhindert die Kleidung die Wirkung des Magnetismus nicht?"

"Nein, der Magnetismus dringt durch die Kleidung in den Körper des Kranken hinein. Immerhin ist es gut, wenn der Kranke so leicht wie möglich gekleidet ist. Vor allem ist es gut, wenn sowohl der Magnetiseur als auch der Kranke alle metallischen Gegenstände, Geld, Uhrkette, Uhr, Schlüssel, Fingerringe usw. für die Dauer der magnetischen Behandlung ablegen."

"Müssen die Handstriche schnell oder langsam ausgeführt werden?"

"Besser langsam und gemächlich, aber auch nicht allzu langsam."

"Magnetisiert man mit einer Hand oder mit beiden Händen zugleich?"

"Am besten immer mit beiden Händen. Aber nicht mit beiden Händen an einer Seite, sondern mit Ihrer rechten Hand magnetisieren Sie die linke Seite und mit Ihrer linken Hand die rechte Seite des Kranken, damit immer blaues Od auf rotes Od und anderseits rotes Od auf blaues Od wirken."

"Wenn jemand beispielsweise am linken Arm erkrankt ist, wie habe ich mich dann zu verhalten?"

"Dann streichen Sie langsam mit Ihrer flachen rechten Hand oder noch besser mit den Fingerspitzen Ihrer rechten Hand über den erkrankten linken Arm, in der Richtung von oben nach unten. Gleichzeitig streichen Sie mit den Fingerspitzen Ihrer linken Hand über den rechten Arm des Kranken in gleicher Richtung."

"Müssen nur die erkrankten Teile und die auf der anderen Körperseite befindlichen Teile magnetisiert werden?"

"Erst magnetisiert man meistens den ganzen Körper vom Kopf bis zu den Füßen etwa drei bis fünf Minuten. Das sind *Ganzstriche*. Dann magnetisiert man die erkrankten und die auf der anderen Körperseite befindlichen gleichen Teile. Das sind *Teilstriche*. Wenn man diese Teilstriche etwa fünf Minuten gemacht hat, streicht man ebensolange wieder über den ganzen Körper, vom Kopf bis zu den Füßen."

"Müssen die Striche nur bis zu den Händen und Füßen oder darüber hinaus gemacht werden?"

"Immer noch darüber hinaus. Wenn Sie die Arme magnetisieren, dann dürfen Sie nicht bei den Händen einhalten, sondern müssen noch über die Fingerspitzen des Kranken hinaus die Striche fortsetzen. Ebenso müssen Sie die magnetischen Striche noch über die Fußspitzen hinaus fortführen, wenn Sie die Beine oder den ganzen Körper magnetisieren."

"Wie wird das Magnetisieren des Rückens und der Rückenseite des Kranken gemacht?"

"Wenn Sie und der Kranke sich gegenseitig die Vorderseite zukehren, so befinden Sie sich gegeneinander in richtiger Stellung. Ihre rechte Seite befindet sich gegenüber der linken Seite des Kranken und Ihre linke gegenüber der rechten des Kranken. Anders ist es jedoch, wenn Sie hinter dem Kranken stehen oder sitzen, oder wenn er auf dem Bauche liegt. Dann befindet sich rechts und rechts, sowie links und links gegenüber. Sie müssen also, wenn Sie hinter dem Kranken stehen oder sitzen, oder wenn der Kranke auf dem Bauche liegt, seine Rückenseite in der Weise magnetisieren, daß Sie die magnetischen Striche mit gekreuzten Armen ausführen, so, daß Ihre linke Hand die rechte Rückenseite und Ihre rechte Hand die linke Rückenseite des Kranken behandelt."

"Wenn ich einen Teilstrich oder einen Ganzstrich gemacht habe, muß ich die Hände dann gerade wieder emporführen, um den folgenden Strich zu machen?"

"Nein, auf keinen Fall. Es muß sogar darauf geachtet werden, daß man die Hände nur im ausschweifenden Bogen zurückführt. Die linke Hand wird im kreisförmigen Bogen nach links auswärts und die rechte Hand im kreisförmigen Bogen nach rechts auswärts zurückgeführt, um den folgenden Strich zu machen, einerlei, ob es sich um Teilstriche oder Ganzstriche handelt. Wenn Sie die Hände in gerader Richtung wieder emporführten, dann würden Sie unrichtigerweise einen Gegenstrich machen. Gut ist es auch, wenn Sie nach jedem Ganzstrich oder Teilstrich mit jeder Hand eine Bewegung machen, als ob Sie anhaftendes Wasser von den

Fingern abschütteln oder abschleudern wollen. Es hat den Zweck, etwa mitgeführtes krankes Od abzuschütteln.''

''Müssen die Striche immer von oben nach unten gemacht werden?''

''Ja, auf der Vorderseite von den Augen abwärts nach unten und auf der Rückenseite von den Schultern abwärts nach unten. - Nur der Oberkopf und der Hinterkopf weichen von dieser Regel ab. Um den Oberkopf zu magnetisieren, setzen Sie die Fingerspitzen Ihrer beiden Hände auf die Stirn des Kranken und streichen über den Oberkopf nach dem Haarwirbel. Dort angelangt, führen Sie Ihre Hände im ausschweifenden Bogen nach der Stirn zurück, um dieselben Striche zu wiederholen. Dabei behandelt die linke Hand die rechte Oberkopfhälfte und die rechte Hand die linke Oberkopfhälfte bis zum Haarwirbel. - Um den Hinterkopf zu magnetisieren, steht oder sitzt man vor dem Kranken und streicht mit den Fingerspitzen vom Nacken auf beiden Seiten aufwärts bis zum Haarwirbel. - Um die Ohren und die Augen zu magnetisieren, streichen Sie mit den Fingerspitzen der linken Hand vom rechten Ohr des Kranken bis nach dessen rechtem Auge und führen die Hand dann im ausschweifenden Bogen nach dem Ohr zurück, um den folgenden Strich zu machen. Mit der rechten Hand tun Sie das gleiche auf der linken Seite.''

''Diese Ausnahme bezieht sich also nur auf den Oberkopf, den Hinterkopf, die Augen und die Ohren?''

''Ja, diese Teile müssen Sie so wie eben angegeben magnetisieren. Vor allen Dingen müssen Sie sich darüber klar sein, daß die rechte Hand immer nur die linke Seite und die linke Hand immer nur die rechte Seite behandeln darf.''

''Das habe ich klar begriffen.''

''Ebenso müssen Sie sich klar darüber sein, daß die Ganzstriche auf der Vorderseite von den Augen abwärts, auf der Rückenseite von den Schultern abwärts gemacht werden, und daß Sie auf der Rückenseite mit gekreuzten Armen arbeiten müssen.''

"Auch das habe ich deutlich erfaßt."

"Dann will ich noch einiges über *Gegenstriche* sagen. Wenn Sie eine Person magnetisiert haben, dann kommt es vor, daß Sie schläfrig wird oder gar einschläft. Hat der Kranke nichts zu versäumen, dann lassen Sie ihn ruhig schlafen. Wollen Sie ihn aber gleich wieder aufwecken, so können Sie es durch einige Gegenstriche erreichen, indem Sie nun in umgekehrter Richtung, von unten nach oben, streichen. Wenn Sie beispielsweise von der Magengrube nach dem Halse oder gar bis zu den Augen streichen, die Hände im ausschweifenden Bogen wieder nach der Magengrube zurückführen, um dieselben Gegenstriche einige Male zu wiederholen, so wird der Schläfer erwachen. Sie können die Gegenstriche auch vom Auge nach dem Ohr auf jeder Seite ausführen. Die Gegenstriche, von unten nach oben, dürfen aber nicht bis zum Oberkopf reichen, sondern höchstens bis zu den Augen. Auch sollen Gegenstriche in möglichst geringer Zahl gemacht werden."

"Die Gegenstriche werden also nur gemacht, um Schläfrigkeit oder Schlaf zu beseitigen?" fragte Tambke.

"Ja."

"Ich habe oftmals von magnetisiertem Wasser zum Trinken für Kranke gehört. Wie steht es damit?"

"Ich wollte gerade davon sprechen. Magnetisiertes Wasser wirkt vorzüglich. Es sollte niemals versäumt werden, es einem Kranken zu verabreichen. Nehmen Sie ein Glas mit kaltem oder kühlem Wasser, stellen Sie es auf den Tisch und halten Sie etwa zehn Minuten lang die Fingerspitzen Ihrer rechten Hand ganz dicht über das Wasser. Das Wasser wird dann mit blauleuchtendem Od geladen, und dieses Wasser geben Sie dem Kranken zum Trinken. Es wird ganz vorzügliche Dienste leisten. Behandeln Sie das Glas aber nur mit der rechten Hand. Auch beim Transport des Glases benutzen Sie nur die rechte Hand. Derart magnetisiertes Wasser können Sie dem Kranken geben, so häufig er es mag.

"Noch eine kurze Bemerkung. Benutzen Sie beim Magnetisieren hauptsächlich die Fingerspitzen, und wenn Sie die odische Behandlung des Kranken beendet haben, lassen Sie aus der Wasserleitung einen Augenblick Wasser über Ihre Hände fließen, oder tauchen Sie ihre Hände kurze Zeit in frisches Wasser, um anhaftendes krankes Od zu beseitigen.

"Noch eins. Das Magnetisieren soll nicht mit Gleichgültigkeit geschehen, sondern mit dem festen Willen und Wunsch, daß der Kranke gesund werde. Dann ist die odische Ausstrahlung von Ihren Händen stärker und die Einwirkung auf den Kranken größer. Ebenso soll das Magnetisieren nur von gesundenen Personen ausgeführt werden.

"So, mein lieber Tambke, jetzt sind Sie Magnetiseur und können magnetisieren. Ich will Sie jedoch erst noch prüfen, ob Sie alles richtig verstanden haben."

"Obgleich das Magnetisieren außerordentlich einfach ist", entgegnete Tambke, "kann eine Prüfung doch nichts schaden, um zu kontrollieren, ob ich alles richtig erfaßt habe."

"Nehmen wir an, Tambke, Ihre Tochter ist erkrankt. Es ist irgendeine innere Krankheit, die ihren Sitz in der linken Brustseite hat. Was würden Sie tun?"

"Ich würde sie magnetisieren, erst durch Ganzstriche, dann durch Teilstriche und dann wieder durch Ganzstriche. Außerdem würde ich ihr magnetisiertes Wasser zum Trinken geben."

"Ganz gut. Erzählen Sie mir die odische Behandlung aber einzeln und nacheinander."

Tambke sann nach und erklärte dann:

1. "Alle metallenen Gegenstände lege ich von mir, und auch meine Tochter muß es tun.

2. Meine Tochter muß alle überflüssige Kleidung ablegen und sich auf einen Stuhl setzen oder aufs Bett legen.

3. Mit beiden Händen mache ich einen Ganzstrich, indem ich von den Augen abwärts über den ganzen Körper bis über die Fußspitzen hinaus streiche.

4. Die Hände führe ich im ausschweifenden Bogen nach dem Kopfe zurück und wiederhole die Ganzstriche von den Augen abwärts etwa drei bis fünf Minuten lang.

5. Mit beiden Händen mache ich dann Teilstriche über die Brust von oben nach unten und führe beide Hände im ausschweifenden Bogen immer wieder zurück, um weitere Teilstriche zu machen. Diese Teilstriche setze ich etwa fünf Minuten lang fort.

6. Nun mache ich wiederum Ganzstriche von den Augen abwärts bis über die Fußspitzen, und außerdem streiche ich noch über die Arme und Hände und noch über die Fingerspitzen hinaus.

7. Auch die Rückenseite magnetisiere ich noch kurze Zeit durch Ganzstriche, indem ich mit gekreuzten Armen von der Schulter abwärts bis über die Füße hinaus streiche und die Hände im ausschweifenden Bogen immer wieder nach der Schulter zurückführe.

8. Wenn es sich als wünschenswert erweist, mache ich einige wenige Gegenstriche von der Magengrube nach dem Kopf, aber niemals weiter als bis zu den Augen, um Schläfrigkeit oder Schlaf zu beseitigen.

9. Alle Striche mache ich ziemlich langsam, aber nicht zu langsam.

10. Ebenso führe ich alle Striche hauptsächlich mit den Fingerspitzen aus.

11. Nach jedem Ganzstrich oder Teilstrich mache ich eine kurze

abschleudernde Bewegung mit den Händen, als wenn ich anhaftendes Wasser abspritzen wollte.

12. Alle Striche mache ich ein oder zwei Zentimeter vom Körper entfernt, wenn meine Tochter die direkte Berührung nicht vertragen kann.

13. Nach der Behandlung wasche ich meine Hände in frischem Wasser.

14. Nach einiger Zeit gebe ich meiner Tochter kaltes oder kühles Wasser zum Trinken. Das Wasser magnetisiere ich vorher und behandle es nur mit der rechten Hand.

15. Das Magnetisieren begleite ich ständig mit dem lebhaften Wunsch, daß die Kranke gesunden soll.

16. Ich magnetisiere nur, wenn ich selbst gesund bin, sonst lasse ich es durch einen anderen ausführen.

17. Wünschenswert ist es, auch den Kopf jedesmal zu magnetisieren. Ich mache deshalb Teilstriche von der Stirn bis zum Haarwirbel, ebenso vom Nacken bis zum Haarwirbel und außerdem noch von den Ohren nach den Augen.

18. Bei jeder Erkrankung mache ich erst Ganzstriche von den Augen abwärts, dann Teilstriche an den in Betracht kommenden Körperteilen, dann wieder Ganzstriche von den Augen abwärts und auf der Rückseite Ganzstriche mit gekreuzten Armen von der Schulter abwärts.''

''Tambke, Sie haben meine Belehrung tadellos erfaßt und werden ein ausgezeichneter Magnetiseur werden. Ich will nur noch hinzufügen, daß eine magnetische Behandlung nicht zu lange dauern soll, etwa nur 15 bis 20 Minuten. Dafür kann man sie, wenn es nötig ist, einmal oder zweimal am Tage wiederholen. Und dann will ich Ihnen noch einen guten Rat geben: Stellen Sie das Bett immer so, daß der Kranke mit dem Kopf nach Norden und mit den Füßen nach Süden liegt. Das ist auch für Gesunde gut und beruht auf odischen Gesetzen, über die ich später mit Ihnen sprechen werde."

"Kann jeder magnetisieren?"

"Ja, jeder gesunde Mensch, und je häufiger er magnetisiert, allerdings ohne Übertreibung, um so stärker wird die magnetische Kraft. Diese Kraft ist bei Kindern und Erwachsenen vertreten. Einzelne haben diese Heilkraft in geringerem Grade, bei anderen ist sie dagegen in ungewöhnlich hohem Maße vertreten, aber bei allen ist sie durch Ausübung des Magnetisierens weiter entwicklungsfähig."

"Der Magnetismus scheint mir ganz besonders dazu geeignet zu sein, die Gesundheit zu erhalten und Krankheiten vorzubeugen."

"Gerade darin ist er einfach großartig. Die Mitglieder einer Familie sollten sich zweimal wöchentlich gegenseitig magnetisieren, um die Gesundheit zu erhalten oder zu stärken, und wenn sich auch nur die geringsten Anzeichen einer Unpäßlichkeit geltend machen, muß sofort die odische Heilbehandlung eingreifen, um einer Krankheit vorzubeugen. Mit winziger Mühe kann auf diese Weise jeder in seinem Kreise segensreich wirken. Der Heilmagnetismus wird übrigens im Volke häufig angewandt, ohne daß man weiß, daß es sich um eine odische Behandlung handelt. So ist es beispielsweise bei Halsschmerzen üblich, als Heilmittel den eigenen Strumpf vom linken Fuß um den Hals zu wickeln."

"Dieses Mittel ist allbekannt. In meiner Familie wird es auch angewandt, und wunderbarerweise sind die Halsschmerzen am nächsten Tage regelmäßig verschwunden. Ich kann nur nicht erkennen, was es mit dem Heilmagnetismus zu tun hat."

"Wie Sie schon wissen, ist der Mensch auf der ganzen rechten Seite odisch blauleuchtend und auf der linken Seite odisch rotleuchtend. Die odischen Gegensätze von links und rechts sind weitaus am stärksten. Daneben sind in schwachem Maße solche

Gegenssätze auch zwischen oben und unten vorhanden. Der Oberteil des Menschen ist etwa bis zur Magengrube odisch schwach blauleutend, der Leib und die Beine sind dagegen schwach rotleuchtend. Wie Sie ebenfalls wissen, sind die odischen Ausstrahlungen an den Fingern und an den Zehen am stärksten. Der von Ihnen am linken Fuß getragene Strumpf ist somit mit rotleuchtendem Od gesättigt. Wenn Sie diesen Strumpf um den Hals wickeln, so wirkt rotes Od auf blaues Od, und es wird Heilung eintreten. Am besten ist es, wenn der Strumpf so umgelegt wird, daß die Fußspitze des Strumpfes sich dort befindet, wo der eigentliche Sitz der Halsschmerzen ist. Auch in anderer Weise benutzt man im Volke das Od unbewußt zu Heilzwecken. So ist es eine oft angewandte Methode, schmerzende Körperteile mit Öl abzureiben. Od läßt sich in Wasser und anderen Flüssigkeiten bis zu einem gewissen Grade ansammeln, und beim Bestreichen eines Körperteils mit Öl hält dieses das von der streichenden Hand abgesonderte Od fest, so daß eine anhaltendere odische Einwirkung stattfindet. Öl ist für diese Zwecke besser als Wasser, weil Öl nicht verdunstet. Noch eine Reihe anderer Methoden sind im Volke im Gebrauch, von denen man aus Erfahrung weiß, daß sie heilend wirken, von denen man aber nicht weiß, daß die Heilwirkung nur auf Od zurückzuführen ist.''

''Sie sagten, daß der Mensch auch oben und unten verschieden odisch sei, wenn auch in schwächerem Maße. In welcher Weise muß ich bei Krankheiten darauf Rücksicht nehmen?''

''Ich würde anraten, für Ihre Zwecke sich nur an die odischen Gegensätze von links und rechts zu halten. Das genügt vollkommen. Nur wenn es sich um Krankheiten des Magens und des Unterleibs handelt, werden Sie gut tun, Magen und Leib nur mit der rechten Hand zu behandeln, indem Sie etwa 10-15 Minuten lang diese Körperteile fortgesetzt im Kreise langsam mit der rechten Hand bestreichen. Außerdem können Sie aber noch die bekannten Ganzstriche und Teilstriche machen.''

''Ich bin erfreut, Ihre Darlegungen über die Benutzung des Strumpfes bei Halsschmerzen und die Anwendung von Öl beim

Einreiben zu kennen. Es hat meinen Glauben an die Heilwirkung des Od noch befestigt. Der Heilmagnetismus soll die Heilmethode meiner Familie werden.''

''Der Heilmagnetismus ist es wahrlich wert, in jeder Familie Eingang zu finden. Ist die Beschaffenheit des Od gut, seine Verteilung richtig und der odische Stoffwechsel geregelt, so kann der innere Arzt, das eigene Astralwesen, den denkbar schwersten Krankheiten begegnen und sie überwinden. Für Operationen ist die Chirurgie nicht zu entbehren, ausnahmslos für alle Heilungen wird die odische Behandlung jedoch zukünftig die erste Stelle erringen.''

VII.

TOMFOHRDE ERTEILT ANWEISUNGEN ÜBER SPIRITISTISCHE SITZUNGEN

"Ihre Belehrung hat schon Früchte getragen", erklärte Tambke triumphierend. "Meinen ältesten Sohn, Heinrich, welcher 17 Jahre alt ist, und meine älteste Tochter, Betty, welche 13 Jahre zählt, habe ich mit allen Ihren Mitteilungen über den Heilmagnetismus bekannt gemacht und habe ihnen gleichzeitig die Anwendung gezeigt. Ich mußte inzwischen fast 14 Tage über Land, und als ich gestern zurückkehrte, konnten sie schon Erfolge aufweisen."

"Diese Mitteilung macht mir Freude. Ich würde Ihnen dankbar sein, wenn Sie mir einige nähere Angaben machen würden."

"Beide Kinder zeigten großes Interesse für den Magnetismus und übten sich fleißig, gegenseitig Ganzstriche und Teilstriche zu machen. Eine Nachbarin leidet an Krämpfen und hatte in voriger Woche wiederum einen solchen Anfall. Sobald meine Tochter davon hörte, begab sie sich zu der Kranken und erbot sich, sie zu magnetisieren. Obgleich man über das Anerbieten verwundert war, lehnte man es nicht ab. Meine Tochter führte an der Kranken zehn Minuten lang Ganzstriche aus, von den Augen abwärts bis über die Füße hinaus, und das Wunder geschah, die Krämpfe verschwanden. Dieser Erfolg ließ meinen Jungen nicht ruhen. Er wollte es seiner Schwester gleichtun und fahndete gleichsam nach Kranken. In zwei Fällen wurde er glatt abgewiesen, weil man weder zu ihm, noch zu seiner Kunst Vertrauen hatte. In zwei anderen Fällen wurde er aber zugelassen. Ein Kind hatte aus irgendwelcher Ursache hohes Fieber, und mein Sohn brachte durch Ganzstriche auf der Vorder- und Rückenseite das Fieder auf Normaltemperatur herunter. In dem anderen Falle handelte es sich um einen Arbeiter mit einer schmerzhaften Beinwunde. Er litt gleichzeitig an Schlaflosigkeit. Mein Junge magnetisierte diesen Mann durch Ganzstriche und Teilstriche und verabreichte außerdem bei diesem sowie bei dem vorher genannten Kinde magnetisiertes Wasser. Mein Junge hat den Arbeiter inzwischen noch zweimal magnetisiert und ihm jedesmal magnetisiertes Wasser gegeben. Der Erfolg ist, daß der Mann schlafen kann und seine Schmerzen fast verschwunden sind."

"Das sind ermutigende Anfänge. Es kann danach nicht bezweifelt werden, daß Ihre beiden Kinder mit magnetischer Heilkraft hervorragend begabt sind."

"Ich habe alle drei Familien sofort besucht und fand die Angaben meiner Kinder bestätigt. Mitglieder dieser Familien habe ich für Sonntag um einen Besuch gebeten und werde sie dann über den Heilmagnetismus unterrichten, damit sie ihn fernerhin selbst anwenden können."

"Nur immer so weiter. Das ist der beste Weg, werktätige Liebe auszuüben. Meine Instruktionen über die odische Heilbehandlung habe ich inzwischen schriftlich aufgezeichnet und werde Ihnen die Niederschrift mitgeben, damit sich jeder, der ein Interesse daran hat, eine genaue Abschrift machen kann."

"Vor einigen Tagen", bemerkte Tambke weiter, "hatte ich übrigens Gelegenheit, mit einem Bekannten über den Spiritismus zu reden und erfuhr dabei, daß er in seiner Familie selbst Sitzungen hält. Man hat auch einen gewissen Erfolg. Aber die Art, wie er den Spiritismus zu erklären suchte, konnte meinen Beifall nicht finden."

"Das glaube ich Ihnen gern."

"Ihre Aufschlüsse haben mir eine klare Richtschnur gegeben. Der Zusammenhang mit dem Spiritismus ist mir durch den Somnambulismus anschaulich und verständlich geworden. Mein Bekannter kam aus seinem Staunen gar nicht heraus, daß ich ihm so bündige Aufklärungen zu geben imstande war, obgleich ich über eigene spiritistische Erfahrungen noch nicht verfüge."

"Viele, sogar die meisten, die sich mit Spiritismus beschäftigen, kennen nichts vom Somnambulismus, und darum müssen ihre Erklärungen notwendigerweise einseitig ausfallen."

"Wenn man sich erst klar darüber geworden ist, daß wir nicht erst geistige Wesen werden nach dem Tode, sondern jetzt schon sind, und wenn man noch obendrein weiß, daß dieses unser Astralwesen sich zu irdischen Lebzeiten vom Zellenkörper sogar zu trennen vermag, wenn auch nur vorübergehend, dann ist die persönliche Fortexistenz unseres Astralwesens nach der dauernden Trennung vom Zellenkörper, also nach dem sogenannten Tode, nichts Erstaunliches mehr, sondern nur noch etwas Selbstverständliches, und damit haben Sie die sogenannten Geister und den Spiritismus."

"Darüber sind wir uns schon klar geworden, daß wir gar nicht sterben können, auch wenn wir es wollten. Somit leben also alle unsere Verstorbenen persönlich weiter. Bei dieser Sachlage muß man sich nur darüber wundern, daß das Eingreifen der Verstorbenen in unsere Welt nicht viel häufiger geschieht. Die spiritistischen Geschehnisse müßten doch eigentlich eine alltägliche Erscheinung sein."

"Sie haben gar nicht so unrecht. Nicht die spiritistischen Erscheinungen sind erstaunlich, sondern erstaunlich ist nur der Umstand, daß die spiritistischen Vorkommnisse vergleichsweise so selten sind."

"Was mag die Ursache wohl dafür sein?"

"Wir müssen zwischen dem fortwährenden unsichtbaren Eingreifen unterscheiden. Es gibt nämlich einen unsichtbaren Spiritismus und einen sichtbaren Spiritismus."

"Wie habe ich den unsichtbaren Spiritismus zu verstehen?"

Wir werden uns leicht darüber einig werden. Wir haben erfahren, daß der Doppelgänger des lebenden Menschen sich vorübergehend vom irdischen Körper zu trennen vermag. Diese Trennung geschieht ungemein häufig und wird unseren Sinnen nur deshalb nicht wahrnehmbar, weil der Doppelgänger unter normalen Verhältnissen für uns unsichtbar ist. Nur unter besonders günstigen Umständen kann unser eigenes Astralwesen, getrennt vom irdischen Körper, sich durch eine eigenartige Verdichtung sichtbar machen oder seine Gegenwart auf andere Weise verraten. In dieser vorübergehenden Trennung vom irdischen Körper ist unser Astralwesen dasselbe, was bei den Astralwesen der Verstorbenen nach der dauernden Trennung vom irdischen Körper eingetreten ist. Unser Astralwesen ist dann vorübergehend ein Geist unter Geistern. Dieser Verkehr unseres Astralwesens mit der Geisterwelt dürfte viel häufiger vor sich gehen, als wir ahnen, und wird namentlich stattfinden, wenn wir schlafen."

"Diese Erklärung ist einleuchtend, und wenn wir von diesem ständigen Verkehr mit der Geisterwelt nichts in Erinnerung behalten, so ist das um keine Spur verwunderlicher, als daß uns nicht einmal die Existenz unseres eigenen Astralwesens zum körperlichen Bewußtsein kommt."

"Wir sind schon zu Lebzeiten ein Geist oder ein Spirit und betreiben als solcher unsichtbaren Spiritismus. In diesem unsichtbaren Verkehr mit der Geisterwelt haben manche unerwartet auftretende

Gedanken und Erleuchtungen, die man als Inspiration, Intuition usw. bezeichnet, ihre Quelle. Diese Erkenntnis ist nicht neu. Unsere größten Weisen haben den unsichtbaren Verkehr mit der Geisterwelt, den unsichtbaren Spiritismus, schon erkannt, obgleich sie die Tatsachen des sichtbaren Spiritismus noch nicht kennen konnten. So sagt der große Philosoph Immanuel Kant ausdrücklich: 'Es wird künftig, ich weiß nicht wo oder wann, noch bewiesen werden, daß die menschliche Seele auch in diesem Leben in einer unauflöslich verknüpften Gemeinschaft mit allen immateriellen Naturen der Geisterwelt stehe, daß sie wechselweise in diese wirke und von ihnen Eindrücke empfange, deren sie sich aber als Mensch nicht bewußt ist, solange alles wohlsteht.''

''Vorzüglich. Besser konnte Kant den unsichtbaren Spiritismus gar nicht zum Ausdruck bringen.''

''Nein, mein Freund, deutlicher konnte er es tatsächlich nicht in Worte kleiden, und diese Lehre mögen namentlich diejenigen beherzigen, die über den sichtbaren Spiritismus ihre Glossen machen, aber nicht wissen, daß sie fortwährend unsichtbaren Spiritismus betreiben.''

''Das wäre also der unsichtbare Spiritismus, den wir unbewußt ständig ausüben. Was aber mag die Ursache sein, daß der sichtbare Spiritismus so selten in die Erscheinung tritt?''

''Können Sie sich erinnern, daß wir bei der Besprechung des Heilmagnetismus zu der Erkenntnis kamen, daß unser Astralwesen unseren eigenen Körper nicht direkt und unvermittelt regieren und beherrschen kann, sondern dazu ein Zwischenmaterial gebraucht, welches wir Magnetismus oder Od nannten?''

''Freilich, ich erinnere mich dessen ganz genau. Mir geht auch schon ein Licht darüber auf, daß die Astralwesen der Verstorbenen ebenfalls ein Zwischenmaterial zur Verfügung haben müssen, wenn sie ihre Gegenwart in irgendeiner Weise für unsere Sinne wahrnehmbar machen wollen.''

"Das haben Sie vollkommen zutreffend erkannt, und das Zwischenmaterial, das die Verstorbenen zur Verfügung haben müssen, um wahrnehmbare Beweise ihrer Gegenwart geben zu können, ist genau dieselbe Substanz, welche unser eigenes Astralwesen zur Beherrschung des irdischen Körpers braucht, nämlich Magnetismus oder Od." (Anm. des Herausgebers: Heute sprechen wir von *Ektoplasma*)

"Unter Ihren Erklärungen schwinden überall die Unbegreiflichkeiten und lösen sich in gesetzmäßige Vorgänge auf."

"Der ganze Spiritismus ist weiter nichts als unbekannte Physik."

Danach sind die Teilnehmer an spiritistischen Sitzungen die Lieferanten von Magnetismus oder Od, um den Verstorbenen das sichtbare Eingreifen zu ermöglichen?"

"Die Teilnehmer sind die Quelle für das erforderliche Od. Es kann aber nicht alles Od eines Menschen für diese Zwecke herangezogen werden, sondern nur ein winziger Teil davon. Die weitaus größere Menge hält jeder unbewußt zurück, damit das eigene Astralwesen die Funktionen des eigenen Körpers aufrecht erhalten kann."

"Es kommen also nur die überschüssigen Od-Mengen eines Menschen in Betracht?"

"Allerdings. Und diese überschüssigen Mengen von Od werden noch dadurch herabgemindert, daß in einem Kreise oftmals Personen vorhanden sind, welche nicht allein keinen Odüberschuß besitzen, sondern ganz im Gegenteil einen großen Bedarf für Od haben. Solche, meistens kranke Personen, nehmen dann die überschüssigen Od-Mengen der anderen ganz oder teilweise zum Ausgleich oder zu Heilzwecken unbewußt für sich in Anspruch. Auf diese Weise geschieht es oft, daß Überschüsse von Magnetismus gar nicht oder sehr winzig zur Verfügung stehen, und die Verstorbenen sind machtlos für ein sichtbares Eingreifen, weil ihnen das Arbeitsmaterial fehlt."

"Wir müssen also dafür sorgen, daß die Teilnehmer möglichst alle gesund sind und viel überschüssiges Od besitzen?"

"Das allein genügt jedoch noch nicht. Wenn ein geeigneter Teilnehmerkreis vereinigt ist, so sind bei allen oder fast bei allen Personen kleine Mengen von Od im Überschuß vorhanden. Mit diesen einzelnen Mengen läßt sich jedoch nichts anfangen. Die einzelnen Mengen müssen vielmehr gesammelt, vereinigt und angehäuft werden, und das geschieht durch ein Medium. Ein anderes Mittel für die Ansammlung und Anhäufung von Od kennen wir bis jetzt noch nicht."

"Das Medium ist demnach ein Magnet für die Anziehung und Ansammlung der odischen Überschüsse aus dem Teilnehmerkreise?"

"So ungefähr kann man ein Medium wohl erklären. Ein Medium ist aber gleichzeitig eine besonders reichlich fließende Quelle für die Lieferung des erforderlichen Od."

"Somit würde man die größten Erfolge dann haben, wenn möglichst viele Medien im Kreise zugegen sind?"

"Sie werden Ihr Augenmerk darauf richten müssen, wenn Sie einen spiritistischen Zirkel bilden wollen, möglichst viele solche Personen heranzuziehen, die mediumistisch veranlagt sind."

"Woran lassen sich solche Personen aber erkennen?"

"Ein sicheres Erkennungszeichen steht uns dafür leider nicht zur Verfügung. Erst die Erfahrung gibt den Beweis. Doch sind fast alle sensitiven Personen mediumistisch veranlagt."

"Und woran erkennt man, ob jemand senitiv ist oder nicht?"

"Auch dafür gibt es einstweilen noch keine ganz sicheren Erkennungszeichen, aber immerhin ganz gute Anhaltspunkte."

"Und welche sind diese Anhaltspunkte?"

"Etwa ein Fünftel aller Menschen ist sensitiv in unserem Sinne.

Nachtwandler, Mondsüchtige und Leute, die sehr unruhig im Bett liegen und häufig im Traum reden, sind sensitiv. Personen, die das Magnetisieren deutlich fühlen, namentlich dann noch, wenn man die magnetischen Striche in einigem Abstand von ihrem Körper macht, sind sensitiv. Wenn Sie zwei Gläser mit kaltem Wasser etwa fünf Minuten lang magnetisieren, das eine nur mit der rechten, das andere nur mit der linken Hand, und eine Person findet einen deutlichen Unterschied im Geschmack, nachdem sie von beiden Wassern gekostet hat, so ist sie sensitiv. Wer im Schlaf die Bettdecke häufig wegwühlt und aus dem Bette stößt, ist sensitiv. Wer vor einem Gewitter eine eigenartige, unangenehm empfundene Schwere in den Beinen herauffsteigen fühlt, ist sensitiv. Leute, die eine ausgesprochene Vorliebe für die blaue Farbe haben und die gelbe Farbe nicht leiden können, sind sensitiv. Wer das Einsame liebt und Menschenansammlungen peinlich empfindet, ist ebenfalls sensitiv. Gut sensitiv sind auch diejenigen Personen, welche im Dunkeln die odischen Ausstrahlungen sehen können, wenn Sie Ihre Fingerspitzen emporhalten."

"Sind solche Personen nicht krankhaft veranlagt?"

"Nein, Freund, diese Erscheinungen haben mit Krankheit nichts zu tun. Solche Personen sind sensitiv, das heißt, sie empfinden odische Einwirkungen, ohne die Ursache dieser Wirkungen zu kennen. Es gibt noch eine ganze Reihe von Anhaltspunkten, um sensitive Personen zu erkennen. Aber die wenigen Andeutungen genügen, Ihnen eine Richtschnur zu geben. Auch jene, die sich dem Genusse einer schönen Musik ganz hingeben können, ohne kritisch zu zerlegen, sind sensitiv. Meistens lieben diese sensitiven Personen ein stilles, zurückgezogenes Leben und schieben sich nur ungern in den Vordergrund des Lebens. Leute solcher Art finden Sie überall, in allen Ständen und Schichten, und mehr, weit mehr unter Mädchen und Frauen als unter Jünglingen und Männern."

"Diese sensitiven Personen sind also Medien?" forschte Tambke.

"Soweit sind wir noch nicht. Diese Sensitiven sind zunächst nur mediumistisch veranlagt. Doch läßt sich diese vorhandene Anlage, die anfänglich ungeregelt zu sein pflegt, durch die Abhaltung von Sitzungen regeln und verstärken, bis sie einen Höhegrad von Ausbildung erreicht hat, und dann ist die sensitive Person ein Medium geworden."

"Die steigende mediumistische Kraft scheint eine gewisse Ähnlichkeit mit einem richtigen Magneten zu haben. Dessen Anziehungskraft läßt sich bekanntlich verstärken, wenn man nach und nach immer größere Gewichtsstücke daran hängt."

"Man kann den Vergleich gelten lassen. Vor allem richten Sie Ihr Augenmerk darauf, für den zu bildenden Kreis sensitive Personen zu gewinnen. Und vergessen Sie die Jugend nicht."

"Hat die Jugend denn auch was damit zu tun?"

"Die Jugend beiderlei Geschlechts hat in Hinsicht auf Gesundheit und odischen Überschuß meistens den Vorzug und dient deshalb als vorzüglicher Lieferant von Od."

"Das kann wohl zutreffen. Daran hatte ich nicht gedacht."

"Umgekehrt gibt es Menschen, welche direkt hinderlich sind, beispielsweise Kranke, weil sie die überschüssigen Odmengen teilweise für sich verwenden. Den allergrößten Verbrauch an Od nehmen geschlechtliche Ausschweifungen in Anspruch, und Leute dieser Art eignen sich gar nicht als Teilnehmer. Wieder andere Leute, obgleich sonst gesund, kommen als Lieferanten von Od wenig oder gar nicht in Betracht, weil sie nur selten über einen odischen Überschuß verfügen. Es sind das solche Personen, welche einen harten Kampf ums Dasein führen oder mit wirtschaftlichen oder seelischen Sorgen schwer zu kämpfen haben. Die erhöhte Gehirntätigkeit derselben erfordert, wie schon früher gesagt, einen besonders großen Odverbrauch. Deshalb können auch sehr angestengt mit dem Kopfe arbeitende Leute nur selten überschüssiges Od für unsere Zwecke zur Verfügung stellen."

"Aus alledem scheint mir hervorzugehen, daß man die geeignetsten Kreise auf dem Lande oder in kleinen Städten zusammenstellen kann."

"Von allgemeinen Gesichtspunkten aus mag das wohl Geltung haben. Eine sichere Regel läßt sich jedoch nicht aufstellen. Jedenfalls finden Sie auch in den Großstädten geeignete Kreise.

"So, Freund Tambke, nun können Sie sich einen passenden Kreis für spiritistische Sitzungen zusammenstellen. Wählen Sie insbesondere sensitive Personen, und vergessen Sie die Jugend, namentlich die weibliche Jugend, nicht. Wählen Sie aber nur solche Personen, die allen sympathisch sind, damit der Kreis ein harmonischer ist, und lassen Sie die Zahl der Teilnehmer nicht zu groß sein, etwa nicht mehr als zehn Personen. Die Sitzungen halten Sie zunächst immer nur mit dem gleichen Kreise ab, zweimal wöchentlich, immer an demselben Ort und immer genau zu derselben Zeit. Die Dauer jeder Sitzung kann vorläufig auf 1 1/2 Stunden beschränkt werden. Seien Sie mit dem Beginn jeder Sitzung aber ganz pünktlich. Sie dürfen nicht vergessen, daß die Vereinbarung nicht nur Ihren Kreis umfaßt, sondern daß gleichzeitig und insbesondere die unsichtbaren Wesen daran beteiligt sind."

"Sind irgendwelche besonderen Verhaltensmaßregeln zu beobachten?"

"Sehr wenige, aber doch einige. Vor allem sorgen Sie dafür, daß immer eine harmonische Stimmung vorhanden ist. Diese Stimmung erreichen Sie am besten durch gemeinsames Singen von Liedern, die allen bekannt sind. Wählen Sie Lieder ernsten oder heiteren Inhaltes, doch niemals Gassenhauer. Singen Sie mit gedämpfter Stimme und so häufig wie möglich. Singen sie lieber zuviel als zuwenig. Wenn jemand auf einem Instrument begleiten kann, so ist es vorteilhaft. Singen befördert die blauleuchtende Odabsonderung und deren Ansammlung."

"Und in welcher Reihenfolge muß man sitzen?"

"Setzen Sie sich in bunter Reihe um einen leichten hölzernen

Tisch, und nehmen Sie bei allen folgenden Sitzungen immer die gleichen Plätze wieder ein. Jeder legt seine beiden Hände leicht auf den Tisch, oder man bildet eine Kette, indem alle Teilnehmer sich gegenseitig anfassen. Gut ist es auch, wenn jeder Teilnehmer alle metallenen Gegenstände vor Beginn der Sitzung beiseite legt.''

''Müssen die Sitzungen im Dunkeln abgehalten werden?''

''Verhängen Sie die Fenster durch Decken oder anderes Material derart, daß kein Licht eindringen kann. Anfänglich können Sie die Sitzungen bei ganz schwachem Lampenlicht abhalten, dessen Licht Sie noch durch dunkle Papierschirme abdämpfen, so daß tiefes Dämmerlicht herrscht und kein direktes Licht auf den Teilnehmerkreis fällt. Wenn aber der eine oder andere Teilnehmer während einer Sitzung in Trance fällt, so muß die Lampe ausgelöscht werden, damit volle Dunkelheit herrscht. Am besten ist es jedoch, wenn Sie die Sitzungen von vornherein im Stockfinstern abhalten, bis Ihnen in Ihren eigenen Sitzungen andere Anweisungen gegeben werden.''

''Können sonstige fördernde Mittel Anwendung finden?''

''Ja. Es muß dafür gesorgt werden, daß unter den Teilnehmern einer oder mehrere sich befinden, die magnetisieren können. Diese machen unmittelbar vor Beginn jeder Sitzung bei jedem Teilnehmer einige Ganzstriche von den Augen abwärts. Etwa zehn Ganzstriche genügen. Wenn Teilnehmer während der Sitzung in eine besondere Art von Schlaf kommen, den man magnetischen Schlaf oder Trance nennt, so müssen sie nach der Sitzung durch Gegenstriche erweckt werden. Sollten sich bei einem Teilnehmer mal krampfartige Anfälle einstellen, was ich allerdings noch nicht erlebt habe, was anderweitig aber schon vorgekommen sein soll, so können Sie diese spielend leicht durch einige Ganzstriche beseitigen.''

''Ist sonst noch etwas zu tun?''

''Ich wüßte nicht. Alle sonstigen wünschenswerten Anweisungen erhalten Sie am besten in Ihren eigenen Sitzungen.''

"Und wie pflegt der Verlauf der Sitzung zu sein?"

"Meistens geschieht in den ersten Sitzungen nichts. Nach einiger Zeit, nach der vierten Sitzung, vielleicht auch erst nach der zehnten oder zwölften Sitzung, findet Tischrücken statt. Erst ungeregelt, nach einiger Zeit geregelt, so, daß Sie durch Hersagen des Alphabets Mitteilungen erhalten können, indem der Tisch etwas hochkippt. Anstatt Tischrücken kann auch zuerst Tischklopfen auftreten, was mehr bedeutet als Tischrücken. Durch das alphabetische System werden Sie dann erfahren, welche Teilnehmer Medien sind. Sie werden gut tun, alle Vorschriften, welche Sie durch solche Verständigung erhalten, soweit sie sich auf das Verhalten in den Sitzungen beziehen, ganz genau zu befolgen."

"Und wann werden höhere, bedeutungsvollere Erscheinungen hervortreten?"

"Sie dürfen das Tischrücken oder das Tischklopfen nicht gering achten. Es sind bereits physikalische Erscheinungen, die rätselhaft für uns sind, weil sie durch eine uns gar nicht oder sehr wenig bekannte Kraft entstehen, die noch obendrein durch intelligente, unsichtbare Wesen gelenkt wird. Das scheinbar so geringfügige Tischrücken und Tischklopfen wird noch einmal den Ansporn zu den mächtigsten wissenschaftlichen Forschungen geben. Der Fortschritt zu höheren Erscheinungen hängt ganz von Ihrem eigenen Kreise ab."

"Wie soll ich das verstehen?"

"Das will ich Ihnen sagen. Das Tischrücken oder Tischklopfen pflegt längere Zeit anzuhalten, monatelang, ohne daß Fortschritte gemacht werden. Dieser Stillstand ist jedoch nur ein scheinbarer. Inzwischen wird von den unsichtbaren Wesen fortgesetzt gearbeitet, um die mediumistische Kraft auszubilden und um die Medien für höhere Erscheinungen befähigt zu machen. Diese mediumistische Ausbildung für höhere Erscheinungen ist eine mühsame Arbeit seitens der unsichtbaren Wesen und erfordert eine lange Zeit. Die meisten werden dabei ungeduldig und mißmutig und verhindern dadurch den ferneren Fortschritt. Aber derjenige Kreis, der die Sitzungen geduldig fortsetzt und dessen Interesse nicht erlahmt, wird glänzend belohnt werden. Ohne Fleiß kein Preis. Ausdauer und reges Interesse führen zum Ziel."

"Daran soll es bei mir nicht fehlen", sprach Tambke mit Überzeugung. "Das angestrebte Ziel ist viel zu hoch und dessen Bedeutung viel zu groß, als daß ich mich durch solch kleine Mühen abschrecken lassen würde."

"Halten Sie an diesem Standpunkt unentwegt fest, und sorgen Sie dafür, daß alle Teilnehmer Ihres Kreises diese Auffassung teilen, dann werden Sie erreichen, was Sie anstreben, nämlich den sicheren und zwingenden Beweis der Unsterblichkeit. Dieser Beweis ist keine Dutzendware, sondern lauteres Gold, das nur denen zuteil wird, die ernstlich danach streben. Haben Sie erst ein Medium oder gar einige Medien in Ihrem Kreise ausgebildet, dann werden Ihnen die Sitzungen hohe Befriedigung gewähren, und gelingt es Ihnen, die Medialität bis zu ihrer vollen Größe durchzuführen, so werden Sie der Menschheit größere Dienste leisten, als es auf andere Weise möglich ist. Vergessen Sie nicht, daß das Glück der Menschheit und deren einheitliche Entwicklung in der Richtung nach höheren Zielen abhängig ist von dem Beweis des persönlichen Fortlebens nach dem irdischen Tode."

"Sie dürfen sich darauf verlassen, daß ich meine Aufgabe mit allem Ernst durchführen werde. Etwaige Hindernisse werden meine Anstrengungen nur verdoppeln. Ich werde mich als einen Vorarbeiter betrachten, der dazu berufen ist, praktisch mitzuhelfen, daß der verlorengegangene Glaube an die Unsterblichkeit wiedergefunden und auf die höhere Stufe des sicheren Wissens gebracht wird."

"Ich danke Ihnen für diese Erklärung. Sie gewährt mir tiefere Befriedigung, als Sie wissen können. Ich glaube nämlich sagen zu dürfen, daß ich an den Erfolgen, die Ihnen beschert sein werden, einen kleinen Anteil habe, und daß ich somit im Interesse der ganzen Menschheit mittätig gewesen bin. Meine irdische Laufbahn wird wahrscheinlich bald beendet sein, und darum fühle ich eine doppelte Befriedigung in dem Bewußtsein, einen Nachfolger zu haben, der meine Auffassungen in die Praxis umsetzt."

"Bei Ihrer blühenden Gesundheit können Sie hundert Jahre alt werden. Unter diesen Umständen vom Tode zu reden, ist unnötige Selbstqual."

"Mein Freund, wir alle müssen sterben, früher oder später. Der ganze Unterschied ist nur eine kurze Zeitspanne von wenigen Jahren. Der Vogel Strauß steckt den Kopf in ein Gebüsch, wenn er verfolgt wird und glaubt, sich der Verfolgung entzogen zu haben, wenn er selbst die Verfolger nicht mehr sehen kann. Diesem törichten Gebaren ist das Verhalten der Menschen vergleichbar, die dem Nachdenken über ihren Tod scheu aus dem Wege gehen. Für mich hat der irdische Tod keine Schrecken. Ich weiß, daß ich sofort und ohne Unterbrechung persönlich weiterlebe, und darum können wir meine Angabe, daß meine irdische Laufbahn wahrscheinlich bald beendet ist, ohne Erregung erörtern."

"Und was veranlaßt Sie zu der Meinung, daß Ihre irdischen Lebensjahre gezählt sind?"

"Ein Erlebnis, das sich vor etwa sechs Jahren abspielte, habe ich Ihnen bis jetzt verschwiegen, um Sie nicht zu beeinflussen. Aber nunmehr kann ich es Ihnen erzählen. Auf meinem Landsitz auf Jamaika beschäftigte ich mich schon eingehend mit Spiritismus und Somnambulismus. Durch meine Angestellten hörte ich von einem Neger, der in Kingston, der Hauptstadt von Jamaika, der Diener eines Engländers sei und dessen somnambule Fähigkeiten viel von sich reden machten. Ich machte mich von meiner Plantage, die sich auf den Bergen in gesunder und fieberfreier Gegend befand, nach Kingston auf den Weg, und der Engländer stellte mir durch freundliches Entgegenkommen seinen Neger zur Verfügung. Es war ein heiterer Bursche von 21 Jahren, voll überschäumender Lebenslust, und ich nahm ihn als Diener mit nach meinem Landsitz."

"Bestätigten sich denn die somnambulen Fähigkeiten des Negers?"

"Ganz und gar. Manchen lehrreichen Aufschluß habe ich durch ihn erhalten, wenn er sich im somnambulen Schlafe befand. So auch eines Abends. Mein Neger war im somnambulen Schlaf, und ich hatte einige aufklärende Experimente mit ihm gemacht. Zum Schluß fragte ich vorwitzig, wann ich sterben würde. Als Antwort beschrieb der Neger zunächst mich selbst, aber mit einem Backenbart angetan, obgleich ich damals nur einen Schnurrbart trug. Nach seiner Vision befand ich mich im Gespräch mit einem Manne, den er genau beschrieb, und auch das Zimmer schilderte er ausführlich mit allen darin befindlichen Gegenständen. Dann fügte er hinzu, daß mein Tod nach diesem Gespräch nicht mehr fern sein würde. Genauere Zeitangaben konnte ich nicht erhalten. Ich legte diesem Vorkommnis keine Bedeutung bei und vergaß es vollständig. Diese Vision wurde jedoch plötzlich in meine Erinnerung zurückgerufen, als Sie das erste Mal als Besucher in mein Zimmer traten. Der Mann, mein lieber Tambke, den mein Neger mir in allen Einzelheiten beschrieben hatte, waren Sie, und nun erkannte ich auch mit Verwunderung, daß alle Angaben über dieses Zimmer und dessen Einrichtung richtig waren. Auch die Mitteilung über mich selbst war zutreffend, denn Sie sehen, daß ich jetzt einen Backenbart habe.''

''Danach muß man ja an eine Vorbestimmung glauben.''

''Es handelt sich nicht um eine Vorbestimmung, sondern nur um ein zeitliches Fernsehen, eine Fähigkeit, die man bei Somnambulen häufig antrifft. Da dieses Fernsehen sich bestätigt hat, glaube ich auch, daß die Angabe sich bestätigen wird, daß mein Tod nicht mehr fern ist, und daraus wollen wir eine Nutzanwendung machen. Wenn es ein persönliches Weiterleben gibt, woran ich nicht zweifle, und wenn ich es im folgenden Leben so finde, wie ich es mir ausmale, dann werde ich es Ihnen in Ihren Sitzungen mitteilen. Als Erkennungszeichen wollen wir das Wort ''Gewißheit'' vereinbaren. Diese Vereinbarung müssen Sie ganz für sich behalten, und auch ich werde mit niemand darüber sprechen.''

''Diese Vereinbarung werde ich meinem Gedächtnisse einprägen. Ich hoffe jedoch, daß Sie noch lange leben und mich bei den Sitzungen unterstützen.''

"Warten wir es ab, und kommen wir wieder auf Ihre Sitzung zurück. Nachdem das Tischrücken oder Tischklopfen monatelang angehalten hat, pflegt die mediumistische Ausbildung unbemerkt bedeutende Fortschritte gemacht zu haben, und neue Erscheinungen treten auf. Die Medien kommen in einen besonderen Schlafzustand, den man magnetischen Schlaf oder Trance nennt, wie ich schon erwähnte. In dieser Trance haben die Medien in weit erhöhtem Grade die Fähigkeit, die verfügbaren Odmengen ansammeln und anhäufen zu können. In dieser Trance sprechen oder schreiben die Verstorbenen durch die Medien. Nach dieser Zeit der Ausbildung ist meistens der Zeitpunkt gekommen, wo das Medium unter die Kontrolle eines bestimmten Verstorbenen gestellt wird."

"Das ist ja etwas ganz Neues. Wie hat man die Kontrolle eines Mediums durch einen bestimmten Verstorbenen zu verstehen?"

"Wenn ein Medium in der Ausbildung so weit fortgeschritten ist, daß es als ein brauchbares Mittel für das sichtbare Eingreifen der Verstorbenen benutzt werden kann, so würde die Möglichkeit bestehen, daß Verstorbene aller Art diese Vermittlung für ihre Zwecke ungeregelt in Gebrauch nehmen und die Kräfte ausnutzen. Um dieser Möglichkeit einen Riegel vorzuschieben, übernimmt ein dafür ausersehener Verstorbener, der ein besonders großes Interesse daran hat, die Kontrolle, und dieser wird Kontrollgeist genannt. Die bis dahin gediehene Ausbildung des Mediums war mehr oder minder nur eine ungeregelte Vorarbeit. Nun aber wird die weitere Ausbildung einheitlich durch den Kontrollgeist durchgeführt und dauernd überwacht. Diese Arbeit ist nach jenseitigen Gesetzen eine ernste, mühselige Aufgabe und ist mit hoher Verantwortung verknüpft. Nachdem die Regelung der mediumistischen Befähigung eingetreten und unter die Kontrolle eines dafür auserwählten Verstorbenen gestellt ist, pflegt die weitere Ausbildung des Mediums mit Riesenschritten vorwärtszuschreiten, und schnell stellen sich immer höhere Phänomene ein. Ich würde Ihnen anraten, die Sitzungen immer nur in Ihrem eigenen Kreise abzuhalten, bis die Ausbildung des Mediums ganz durchgeführt ist und die höchsten Phänomene erreicht sind. Dann erst können Sie auch

Fremde an Ihren Sitzungen teilnehmen lassen. Würden Sie es früher tun, so hindern oder vereiteln Sie die vollständige Ausbildung."

"Warum mag die totale Dunkelheit wohl nötig sein, um Sitzungen abzuhalten?"

"Das Licht übt eine äußerst störende und zerstreuende Wirkung auf die Ansammlung der Odmassen aus und verhindert deren Anhäufung. Da die Verstorbenen für ihre Anwesenheit aber nur dann sichtbare Beweise liefern können, wenn das Od in verdichtetem und angehäuftem Zustande vorhanden ist, so muß die störende Wirkung des Lichts ausgeschaltet und die Sitzung im Dunkeln abgehalten werden. Nachdem die Medien jedoch ausgebildet sind und deren Kraft bedeutend verstärkt ist, können die Sitzungen auch bei künstlichem oder natürlichem Licht abgehalten werden. Doch darüber werden Sie in Ihren eigenen Sitzungen die besten Aufschlüsse erhalten."

"Können Sie mir sonst noch Angaben über den Verlauf der Sitzungen geben?"

"Ich möchte davon Abstand nehmen. Die Entwicklung ist meistens eine so verschiedenartige, daß es schwer ist, im voraus genauere Angaben zu machen. In dieser Hinsicht ist es am besten, wenn Sie die sich ergebenden Erscheinungen abwarten. Nur soviel kann mit Sicherheit gesagt werden, daß jeder spiritistische Kreis so viel erhält, wie ihm zukommt. "Gleich und gleich gesellt sich gern", hat schon unter Menschen seine Bedeutung. Im Verkehr zwischen Diesseits und Jenseits hat die seelische Wahlverwandtschaft eine noch größere Bedeutung, und ein Kreis, der den Spiritismus ohne Ernst, ohne reges Interesse und ohne seine Bedeutung erfaßt zu haben, betreibt, hat wenig Anlaß, sich über ungenügende oder unbefriedigende Erfolge zu beklagen. "

"Die Auffassung, die ich mir bis jetzt gebildet habe", erklärte Tambke, "läßt sich etwa dahin zusammenfassen, daß wir alle, ohne Ausnahme, persönlich weiterleben, ob gut oder böse, ob klug oder dumm, ob reich oder arm, ob hoch oder niedrig. Diejenigen, welche hier die ersten waren, können im folgenden Leben die letzten sein, weil irdischer Rang und irdische Stellung nicht zählen. Ausschlaggebend sind allein die moralischen Qualitäten, gut sein und wahr sein, und je mehr ich mich befleißigt habe, mir in dieser Hinsicht schon auf Erden diese Werte zu erwerben, um so größeren Nutzen werde ich im Jenseits davon haben. Das ändert jedoch zunächst nichts an dem Umstande, daß im Jenseits gewisse Schwächen und Vorzüge noch wie auf Erden vertreten sind. Mitteilungen aus dem Jenseits werde ich deshalb kritisch prüfen und nur dann für wahr annehmen, wenn mir die verstandesmäßige Prüfung die Wahrheit und Echtheit verbürgt und mir deren Nutzen einleuchtend ist."

"Bravo, Tambke. Das ist ein sachgemäßer, vernünftiger und nüchterner Standpunkt. Hinzu kommt nämlich noch, daß manche Mitteilung nicht spiritistisch ist, sondern vom Astralwesen des Mediums stammt und somnambulistisch ist, oder daß eine spiritistische Mitteilung bei der Vermittlung unbewußt durch das Medium gefärbt sein kann, namentlich dann, wenn das Medium sich aus irgendeinem Grunde nicht in Tieftrance befindet, oder daß es sich lediglich um Träumereien handelt. Aus allen diesen Gründen sind Sie völlig im Recht, wenn Sie solchen Mitteilungen kritisch gegenüberstehen. Bei der Verschiedenartigkeit der Quelle müssen die Mitteilungen sehr oft trügerischen Charakters sein, namentlich, solange das Medium nicht zur vollen Reife ausgebildet und noch nicht kontrolliert ist."

"Darin finde ich nichts Befremdliches. Selbst bei tatsächlich spiritistischen Mitteilungen würde ich mich wundern, wenn es anderes wäre. Es gibt hier auf Erden wahrlich Narren und Faxenmacher genug, und wenn sie so wie jeder von uns nach ihrem Tode weiterleben, ist immer mit der Möglichkeit zu rechnen, daß Angaben übermittelt werden, die böswillig oder aus Unkenntnis unrichtig sind."

"Es ist ein großes Glück, daß die Mitteilungen sich häufig als falsch erweisen. Wäre es anders, würde der Spiritismus bald zum bequemen Auskunftsbüro für irdische Dinge herabsinken, und seine höhere Bedeutung würde verkannt werden. Ich empfehle Ihnen, jede Mitteilung einer kritischen Prüfung zu unterziehen. Sie werden dann vor Enttäuschungen bewahrt bleiben. Es würde gründlich verkehrt sein, allen Mitteilungen bedingungslosen Glauben beizumessen. Es würde aber auch falsch sein, von allem nichts zu glauben. Durch meine Hinweise wünsche ich nur einer Glaubensduselei vorzubeugen. Durch fachgemäße Prüfung werden Sie den Wert oder Unwert einer Mitteilung leicht festzustellen vermögen. Manchen Kreis habe ich kennengelernt, wo ein Teilnehmer im Schlafe sprach und die übrigen Anwesenden auf die Ermahnungen andächtig und gläubig lauschten. Die Zuhörer sind durch die Ermahnungen sicherlich nicht schlechter geworden, aber dem Spiritismus hat man keinen Dienst erwiesen. Diese Reden sind oft, wenn auch nicht immer, völlig wertlos, und die Kreise, die auf solche Predigten Gewicht legen, verlieren ihre Zeit und werden niemals Beweise tatsächlicher Art erreichen. Predigten in allen Lesarten haben wir genug; davon brauchen wir keine mehr. Und wenn diese Mitteilungen von Wesen zu stammen vorgeben, die auf Erden einen besonders hohen Rang eingenommen haben, so seien Sie doppelt vorsichtig. Was dagegen dringend nötig ist, sind Beweise, unzweifelhafte Beweise. Verhalten Sie sich deshalb gegen alle Mitteilungen kritisch und legen Sie nur Wert auf Tatsachen, dann werden Sie nach und nach eine immer größere Steigerung der Beweise erreichen. Haben Sie aber die tatsächlichen Beweise der Unsterblichkeit, so können Sie die Folgerungen für Ihr moralisches Verhalten selbst ziehen, und unkontrollierbare Ermahnungen und Predigten sind dadurch überflüssig geworden.''

''Seien Sie unbesorgt. Ich werde allen Mitteilungen gegenüber einen nüchternen Standpunkt einnehmen und nur nach tatsächlichen Beweisen streben. Ich werde mich auch dagegen sträuben, den Spiritismus als Auskunftsbüro für eigensüchtige Zwecke benutzen zu lassen. Das kann der Sache nicht dienen und wird Wesen edlerer Art abhalten, mit meinem Kreise in Verkehr zu treten.''

''Ich kann Ihnen darin nur beistimmen.''

"Über eine andere Frage möchte ich noch Auskunft haben, und zwar, ob die Abhaltung von Sitzungen für die Teilnehmer oder für die Medien von gesundheitlichem Nachteil sein kann?"

"Darüber dürfen Sie völlig beruhigt sein. Von Leuten, die ein Interesse daran haben, der Ausbreitung des Spiritismus Hindernisse in den Weg zu legen, ist hin und wieder behauptet worden, die Gesundheit leide durch spiritistische Sitzungen, aber Beweise haben sie dafür nicht erbringen können. Ganz im Gegenteil, ich habe die Erfahrung gemacht, daß die Spiritisten sich durchweg einer vorzüglichen Gesundheit erfreuen, namentlich deshalb, weil sie entsprechend den Lehren, die aus dem Spiritismus gefolgert werden müssen, ernstlich bestrebt sind, einen guten und würdigen Lebenswandel zu führen, um Körper und Seele frisch zu halten."

"Dann werde ich so bald wie möglich an die praktische Arbeit gehen. Was ich anstrebe, ist der klare, unzweideutige, gegenständliche Beweis der Unsterblichkeit, und solange diese Beweise für mich noch unklar sind, werde ich danach streben, die nötigen Bedingungen immer günstiger, immer besser zu gestalten, bis ich jene Beweise in befriedigender Klarheit erreiche. Nur nüchterne Tatsachen werde ich als wertvoll betrachten. Die Folgerungen können wir selbst ziehen."

"Ich erkenne mit Genugtuung, mein lieber Tambke, daß Sie der rechte Mann sind, meine Anweisungen in die Praxis umzusetzen. An Erfolgen wird es Ihnen nicht fehlen. Ihr Beispiel wird Früchte tragen, und zu einer späteren, reiferen Zeit werden zahlreiche bedeutende, voll ausgebildete Medien vorhanden sein. Wenn sich dann diese ausgebildeten Medien gelegentlich zu Sitzungen vereinigen, werden Geschehnisse eintreten, von deren Größe wir uns noch keinen Begriff zu machen imstande sind."

"Das wahrnehmbare Eingreifen der Verstorbenen in unsere Welt geschieht offenkundig nur aus Liebe zu uns, um den matten Glauben an die Unsterblichkeit und das schwankende Hoffen auf ein Wiedersehen auf die höhere Stufe des sicheren Wissens zu bringen. Wir werden staunen, wenn wir im Jenseits erwachen."

"Viele, die an Unsterblichkeit glauben, meinen, nach dem Sterben in öder Finsternis verlassen dazustehen. Das stimmt ganz und gar nicht. Jeder von uns ist von geistigen Wesen umgeben, die seelisch mit uns verwandt sind, und diese nehmen uns nach dem Sterben freudig in Empfang, um uns im Triumphzuge in unseren neuen Wirkungskreis einzuführen. Das diesseitige Sterben ist der jenseitige Geburtstag. Meine Mutter sagte mir durch ein Medium, daß, als sie starb und ihr irdischer Körper noch nicht einmal erkaltet war, sie schon, umringt von geistigen Freunden, ihren Einzug hielt in eine neue Welt, von deren Schönheit und Herrlichkeit eine Schilderung zu geben unmöglich sei. Und eine mir bekannte junge Frau, deren Mutter ihr im Tode vorangegangen war, nennt das jenseitige Dasein 'Des Lebens Mai' und schildert das Erwachen und den Empfang nach dem Sterben mit folgenden sinnigen Worten:

Wie? Träum ich denn? war meine erste Frage.
Ist es ein Trugbild reger Phantasie?
Bin ich am Ende meiner Erdentage?
Mir ist so wohl, so etwas fühlt ich nie.
Was sehe ich? Bist du es, Mutter? Sage,
Was ist es, das mir dieses Glück verlieh?
O, täusch mich nicht. Erklär mir. Hab Erbarmen.
Und wonnetrunken lag ich in der Mutter Armen.
An ihrem Busen weint ich Freudentränen.
Kein Zweifel mehr: Ich war ein Geist, war frei!
Nach langem, trügerischem Hoffen, Sehnen,
Erfuhr ich nun, daß ich unsterblich sei.
Da waren Brüder, Freunde, viel' von denen,
Die mir vorangegangen in des Lebens Mai.
O, welche Lust, von Arm zu Arm umschlossen,
Geherzt, geküßt von früh'ren Erdgenossen!''

VIII.

DIE WISSENSCHAFT UND IHRE STELLUNG ZUM SPIRITISMUS

"Ich habe mich entschlossen, Tomfohrde, meine Handelsgeschäfte aufzugeben und wieder Schiffszimmermann zu werden."

"Soviel mir bekannt ist, ist Ihr Beruf lohnend und bietet Ihnen eine ausreichende Existenz. Ihre Entschließung ist deshalb recht überraschend für mich. Sind es zwingende Gründe, die Ihren Entschluß herbeigeführt haben?"

"Jedenfalls betrachte ich den Berufswechsel als wünschenswert, und ich glaube auch, daß Sie meine Gründe billigen werden."

"Lassen Sie sie hören."

"Die Handelsgeschäfte, die ich betreibe, sind so vielgestaltig, daß sie fortgesetzt das Denken und die Aufmerksamkeit selbst außerhalb der Geschäftszeit in Anspruch nehmen. Auch im Kreise meiner Familie kann ich mich nicht davon befreien. Die Gedanken wandern immer wieder zu den geschäftlichen Angelegenheiten zurück, und so wird eine behagliche Ruhe unmöglich gemacht oder doch erschwert. Dieser Zustand würde meinem Wunsche, den Spiritismus praktisch zu erforschen, dauernd hindernd im Wege stehen. Kehre ich dagegen zu meinem früheren Handwerk zurück, so

111

werde ich in dieser Hinsicht günstigere Verhältnisse schaffen. Ich werde freilich weniger verdienen als durch meinen Handel. Bei den bescheidenen Ansprüchen, die ich ans Leben stelle, wird das Einkommen jedoch ausreichend sein. Ohne mich loben zu wollen, darf ich sagen, daß ich als Schiffszimmermann Tüchtiges zu leisten vermag und leicht einen geeigneten Platz finde. Tagsüber kann ich mit allem Nachdruck meine beruflichen Pflichten erfüllen. Nach Feierabend wäre ich aber sorgenlos frei und könnte mich unbehindert meiner Familie widmen."

"Wenn ich recht verstanden habe, wollen Sie den Berufswechsel vornehmen, um sich in den freien Stunden dem Spiritismus zuzuwenden?"

"Das ist der alleinige Grund."

"Dann will ich Einwände gegen Ihre Entschließung nicht geltend machen. Der Entschluß bedeutet in wirtschaftlicher Beziehung zweifellos ein Opfer, das Sie sich auferlegt haben, um dem Spiritismus zu dienen."

"Ganz so selbstlos ist meine Handlung doch nicht. Denn ich wünsche in erster Linie mir selbst zu dienen, um mir und den Angehörigen meiner Familie durch den Spiritismus den Beweis der Unsterblichkeit zu liefern. Daraus hoffe ich für mich und für meine Angehörigen einen moralischen Nutzen zu ziehen, der größer ist, als das winzige Opfer des verringerten Einkommens ausmachen kann."

"Immerhin ist es ein Opfer, das Sie Ihrem Streben zu bringen bereit sind, und diese Handlungsweise zeigt, mit welchem Ernst Sie an Ihre Aufgabe herantreten. Das bereitet mir eine Genugtuung und eine Freude."

"Hier in Stade sind die Aussichten für einen Schiffszimmermann gering", fügte Tambke hinzu. "Ich werde deshalb nach meinem Heimatort Wilhelmsburg zurückkehren."

"Das ist allerdings eine unerfreuliche Nachricht. Sie würde einen mir schon liebgewordenen Gedanken zunichte machen, gemeinsam mit Ihnen Sitzungen abzuhalten."

"Ich werde Ihre Erfahrungen und Ihre höheren Kenntnisse, die meinen Bestrebungen nur dienlich sein könnten, schmerzlich vermissen. Stade ist jedoch kein passender Boden für mein Fach, und so bleibt mir nichts übrig, als nach Wilhelmsburg überzusiedeln, wenn ich meine Absichten durchführen will."

"Und wann soll der Umzug stattfinden?"

"Sobald ich meine Handelsgeschäfte abgewickelt habe. Ich denke, daß ich alle Maßnahmen so beschleunigen kann, daß ich den Umzug nach vier Wochen zu bewerkstelligen vermag."

"Schade, sehr schade, daß wir nicht zusammenbleiben können. Ich hätte meinen theoretischen Unterricht so gern noch weiter fortgesetzt und würde mich am liebsten auch praktisch an Ihren Sitzungen betätigt haben."

"Ich hoffe, Sie als häufigen Gast bei mir in Wilhelmsburg zu sehen, und außerdem bitte ich Sie, mich mit geeigneten Büchern ausrüsten zu wollen, aus denen ich Belehrung schöpfen kann."

"Das ist leichter gesagt als getan. Es gibt eine Unmasse von Büchern über dieses Gebiet und doch nur wenige, die für Sie in Betracht kommen. Viele und sogar die besten dieser Bücher werden für Sie ohne Nutzen sein, weil sie mehr philosophisch gehalten sind, große Kenntnisse voraussetzen und auch auf anderen Gebieten ein hohes Wissen als gegeben annehmen. Dazu kommt, daß diese Bücher voller Fremdwörter sind, deren richtige Erfassung über Ihren Bildungsgrad hinausgeht."

"Warum haben die Verfasser aber nicht klar und deutlich so geschrieben, daß jedermann ihre Schriften lesen und verstehen kann?"

"Das läßt sich leider nicht immer durchführen. Durch den Somnambulismus und Spiritismus sind eine Reihe von Rätseln enthüllt, deren Lösung von außerordentlicher Tragweite für die Menschheit ist. Daneben sind durch diese Gebiete aber andere Rätsel aufgedeckt, die eine Fülle neuer Probleme enthalten und auf die verschiedenartigen Zweige aller Wissenschaften hinübergreifen. Ich habe jedoch noch ein anderes Bedenken, Ihnen jene Bücher in die Hand zu geben.''

''Kann ich erfahren, welcher Art diese Bedenken sind?''

''Gewiß, ich will sie Ihnen nicht vorenthalten. Der Somnambulismus und der Spiritismus haben eine ungemein große Zahl von Tatsachen zutage gefördert, die rätselhaft sind und mit allen unseren bisherigen Anschauungen im Widerspruch zu stehen scheinen. Viele, die mit diesen Gebieten bekannt wurden, haben in ernstem Streben nach Erklärungen gesucht und diese veröffentlicht, nachdem sie passende Erklärungen gefunden zu haben glaubten. Bei der Neuheit der Erscheinungen war es nur natürlich, daß die Erklärungen oftmals zu wünschen übrig ließen. Hinzu kommt noch, daß eine Mehrheit dieser Forscher nur mit einem Bruchteil der einschlägigen Tatsachen bekannt war und schon aus diesem Grunde zu einseitigen Urteilen kommen mußte. Alle diese Erklärungen hatten ihre Berechtigung, umfaßten aber nur einen kleinen Teil der Gebiete und mußten notwendigerweise eine Erweiterung erfahren, als andere Tatsachen bekannt wurden, die sich der Kenntnis bis dahin noch entzogen hatten. Das Durcheinander der Meinungen ist einem Gärungsprozeß vergleichbar, der nötig ist und erst nach und nach zur Klärung führt. So ist es auch mit den bisherigen Erklärungen, die sich zu immer größerer Klarheit durchringen und in absehbarer Zeit zu völlig klaren Erkenntnissen führen werden.''

''Sie wollen mit anderen Worten sagen, daß ich mich beim Lesen jener Schriften durch die Erklärungen nicht verwirren lassen darf, weil diese Erklärungen möglicherweise einseitig oder unvollkommen sein können. Das brauchen Sie übrigens so leicht nicht zu befürchten. Aufgrund Ihres Unterrichts und des früher gegebenen Beispiels habe ich mit Deutlichkeit erkannt, daß Tatsachen und deren Erklärungen ganz verschiedene Dinge sind. Die Tatsachen bleiben dieselben, aber die Erklärungen dafür wechseln."

"Sie können sich rühmen, einen höheren und vorurteilsfreieren Standpunkt einzunehmen als die Mehrheit unserer Gelehrtenwelt."

"Wie ist das möglich? Bei den Gelehrten sollte eine vorurteilsfreie Prüfung doch eine selbstverständliche Voraussetzung sein."

"Sollte es wohl sein, ist es aber leider nicht. Ich anerkenne ohne Einschränkung die hohe Bedeutung der Wissenschaft und ihre gewaltigen Errungenschaften. Den außerordentlichen Vorzügen stehen jedoch große Schwächen gegenüber. Was mit den jeweils erklügelten Systemen im Widerspruch steht, wird totgeschwiegen oder rücksichtslos bekämpft."

"Was verstehen Sie unter System?"

"Die Wissenschaft hat die Welt der Erscheinungen nicht nur ihrem äußeren Zusammenhange nach methodisch zu ordnen gesucht, sondern sie war stets und vor allem bestrebt, die inneren Gesetze zu erforschen und einheitliche Erklärungsweisen dafür aufzuteilen. Die wissenschaftlichen Systeme sind solche Erklärungsweisen. Diese mühsam erdachten Systeme haben ihre unzweifelhafte Berechtigung und einen ungemein großen Nutzen. Alles, was unter diese Systeme gebracht werden kann, wird mit bienenartigem Fleiß gesammelt, erforscht und in den Dienst der Menschheit gestellt. Das berechtigte Streben nach derartigen Systemen führte aber leider allzu häufig zur Systemsucht, indem man das erreichte System als Schlüssel zur Lösung aller Probleme betrachtete. Das ist menschlich verständlich, aber nichtsdestoweniger eine krankhafte Erscheinung. Die Wissenschaft vergißt, daß auch ihre Erklärungsweisen der Entwicklung und dem Fortschritt unterworfen sind. Eine solche krankhafte Systemsucht beherrscht insbesondere unsere gegenwärtige Wissenschaft. Alles, was nicht in den Rahmen der jetzigen Systeme hineingezwängt werden kann, wird für unmöglich erklärt oder wird mit brutaler Rücksichtslosigkeit bekämpft."

"Das ist nach meinem Laienverstande eine offenbare Kurzsichtig-
keit, weil die Wissenschaft sich auf diese Weise den eigenen Fortschritt versperrt."

"Darin haben Sie vollkommen recht, und die ersten und wahren
Größen der Wissenschaft haben nach dieser Richtung hin stets
ihre warnende Stimme erhoben. Arago sagte: "Wer mit Ausnahme der rein mathematischen Wissenschaften das Wort "unmöglich" ausspricht, ermangelt aller Vorsicht und Klarheit." Und La-
place schrieb: "Wir sind noch so weit entfernt von der Kenntnis
aller Naturkräfte, daß es sehr wenig philosophisch sein würde, die
Existenz von Erscheinungen einzig und allein deswegen zu vernei-
nen, weil sie nach dem jetzigen Zustand unseres Wissens unerklär-
lich aussehen."

"Derartige Warnungen sollte die Wissenschaft sich zu Herzen
nehmen."

"Ja, Freund, das sollte sie, und ein großer Nutzen für die Wissenschaft und für die Menschheit würde die Folge sein. Ich will noch
einige, wenige Aussprüche von Philosophen hinzufügen:

a) "Es gäbe überhaupt keinen Fortschritt in der Wissenschaft,
wenn nicht aus der unerschöpflichen Naturquelle immer neue Erscheinungen zur Beobachtung gelangten, die vom Standpunkt der
jeweiligen Systeme als unmöglich erscheinen."

b) "Mit einer gewissen Feindseligkeit werden alle Tatsachen betrachtet, die das System bedrohen. Dies ist der Erbfehler der Wissenschaft. Sie ist von jeher zu langsam gewesen, Tatsachen anzuer-
kennen, deren Möglichkeit im System nicht vorgesehen war, und
hat sie dann unter beständigem Mißbrauch des Wortes 'unmöglich' verworfen."

c) "Die Grenzen des Systems hält man für die Grenzen der
Natur."

d) "Über die Möglichkeit oder Unmöglichkeit könnte die Wissenschaft nur dann urteilen, wenn ihr alle Naturgesetze bereits bekannt wären, was wahrlich nicht der Fall ist."

e) "Die Gelehrten sind weit mehr in ihre Systeme verliebt als in die Wahrheit."

"Mit solchen warnenden Ausprüchen, Freund Tambke, könnte man ein ganzes Buch anfüllen. Die an sich schätzenswerten Erfolge unserer Wissenschaft haben bedauerlicherweise zur Verblendung und Dünkelhaftigkeit geführt. Mit Ausnahme von wenigen erleuchteten Köpfen betrachtet die Wissenschaft ihre Erklärungsweisen als ein Dogma der Unfehlbarkeit, und aus dieser Verirrung erklären sich die häufigen wissenschaftlichen Verrohungen."

"Verrohungen? Lassen sich dafür Beispiele geben?"

"Hunderte. Ich will mich jedoch auf ein einziges Beispiel beschränken, das unser Gebiet berührt. Das Medium Slade befand sich in den Jahren 1877 und 1878 in Leipzig. Diese Gelegenheit benutzte der Physiker und Astronom Professor Friedrich Zöllner, die Geschehnisse einer Prüfung zu unterziehen. Zu seinen Prüfungen zog er gleichzeitig zwei andere Männer der Wissenschaft heran: den Physiker Professor Wilh. Weber und den Physiker und Philosophen Professor Fechner, die den meisten Experimenten zusammen mit Zöllner beiwohnten. Die Prüfungen wurden unter allen erdenklichen Vorsichtsmaßregeln und nach streng wissenschaftlichen Gesichtspunkten vorgenommen. Die Resultate waren glänzend, und die Echtheit der spiritistischen Tatsachen wurde unter Ausschluß jeden Zweifels festgestellt. Professor Zöllner veröffentlichte die Ergebnisse dieser Prüfungen mit allen ihren Einzelheiten. Und was meinen Sie wohl, was nun geschah?"

"Ich nehme an, daß die gesamten Wissenschafter dadurch angespornt wurden, jene erstaunlichen Erscheinungen in den Kreis ihrer Untersuchungen zu ziehen."

"Weit gefehlt. Die Herren Gelehrten antworteten mit Hohn und Spott, mit Verdächtigungen und Unwahrheiten, mit Verleumdungen und moralischen Verfolgungen."

"Unbegreiflich. Man sollte Professor Zöllner dankbar sein, daß er mit seinen Kenntnissen nicht hinter dem Berge hielt, sondern freimütig damit hervortrat, um unsere Wissenschaft zu bereichern."

"Ja, Tambke, das ist Ihre Meinung und die Meinung aller vernünftigen Menschen. Es war jedoch nicht die Meinung der Gelehrten."

"Was konnte man ihm denn vorwerfen? Hatte er irgendwie die Unwahrheit gesagt?"

"Sein Verbrechen war, daß er sich ehrlich, offen und frei zu Tatsachen bekannte, die von der Wissenschaft noch nicht anerkannt sind und in ihre Systeme nicht hineinpassen."

"Konnte man denn stichhaltige Beweise gegen die Tatsachen oder die Art der Experimente vorbringen?"

"Auch das nicht. Die Experimente waren mit lückenloser Genauigkeit vorgenommen und die Tatsachen einwandfrei festgestellt. Neben Prof. Zöllner, waren es Professor Wilhelm Weber und Professor Fechner, die ohne Einschränkung die Echtheit der Geschehnisse immer erneut bezeugten. Alle drei Wissenschaftler waren erste Größen von Weltruf auf ihren Gebieten, und ihre Gegner zusammengenommen konnten nicht einem von den Dreien die Waage halten."

"Konnten die Gegner die Erklärungen für die Tatsachen denn widerlegen und bessere Erklärungen geben?"

"Professor Zöllner suchte die Tatsachen durch eine geistvolle Theorie zu erklären, indem er eine vierte Dimension klarzulegen bemüht war. Diese Erklärungsweise, über die sich streiten läßt, zeugte von einer ungewöhnlichen Denktiefe, und keiner seiner Gegner konnte sie widerlegen. Nicht als ernste Forscher suchten seine Gegner den Gegenstand zu ergründen, sondern sie waren als Advokaten nur bestrebt, Zöllner durch den Ausdruck "vierte Dimension" lächerlich zu machen. Es fehlte ihnen ganz und gar die Fähigkeit, die Tatsachen von der Erklärung zu trennen. Die Tatsachen wurden bedingungslos von Professor Wilhelm Weber und Professor Fechner bestätigt. Über die Erklärungsweise hätte man dagegen sachlich streiten können."

"Eine solche sachliche Auseinandersetzung haben die Gegner nicht herbeigeführt?"

"Ganz und gar nicht. Zu Hunderten fielen sie über seine Person her und suchten ihn als geisteskrank hinzustellen. Als auch das nicht ziehen wollte, griffen sie zu einem anderen unlauteren Mittel. Die beiden Assistenten vom physiologischen Institut in Berlin, Dr. Christiani und Professor Hugo Kronecker, wurden nach Leipzig gesandt und mußten hier die Mär verbreiten, daß sie die Geschehnisse, welche durch das Medium Slade zustande gekommen waren, genau unter den gleichen Bedingungen auszuführen imstande seien. Es sollte damit der Anschein erweckt werden, als ob die Professoren Zöllner, Weber und Fechner sich durch einen gewöhnlichen Taschenspieler hätten übertölpeln lassen."

"Ließ Zöllner sich dieses unlautere Vorgehen denn ohne Widerspruch gefallen?"

"Durchaus nicht. Professor Zöllner begab sich zu dem Professor des Zivil- und Kriminalrechts Wach sowie zu dem berühmten Chirurgen Geheimrat Thiersch und bat diese beiden Herren, ihn zu begleiten, um die angeblichen Fähigkeiten von Dr. Christiani und Professor Hugo Kronecker einer Prüfung zu unterziehen. Die beiden Berliner Gelehrten wurden entsprechend unterrichtet. Als Professor Zöllner, Professor Wach und Geheimrat Thiersch zur vereinbarten Zeit die Prüfungen vornehmen wollten, hatten die Berliner Gelehrten Dr. Christiani und Professor Hugo Kronecker es vorgezogen, wieder nach Berlin zu verschwinden."

"Die beiden Berliner haben durch diese Handlungsweise der Unlauterkeit die Feigheit hinzugefügt", urteilte Tambke.

"Immerhin wurde die Behauptung, daß das Medium Slade nur ein Taschenspieler sei, aufrecht erhalten und gern geglaubt. Um dieser hinterhältigen Taktik den Boden zu entziehen, wurden zwei der berühmtesten Taschenspieler beauftragt, das Medium Slade und die Geschehnisse zu prüfen."

"Das war zweifellos der beste Ausweg, um klarzustellen, ob es sich um Taschenspielerei handelte."

"Der Taschenspielkünstler Bellachini stellte folgendes notarielle Zeugnis aus: Nachdem ich auf Wunsch mehrerer hochgeachteter Herren von Rang und Stellung sowie im eigenen Interesse die physikalische Mediumschaft des Herrn Slade in einer Reihe von Sitzungen bei hellem Tage, wie abends in dessen Schlafzimmer geprüft habe, muß ich der Wahrheit gemäß hierdurch bescheinigen, daß ich die phänomenalen Leistungen des Herrn Slade mit allerschärfster Beobachtung und Untersuchung seiner Umgebung sowie den Tisch geprüft habe, und ich nicht im geringsten gefunden habe, daß irgendwelche auf prestidigitativen (taschenspielerischen) oder physikalischen Apparaten beruhende Manipulationen hierbei im Spiele waren, und zwar ist eine Erklärung über die unter den obwaltenden Umständen und Bedingungen stattgefundenen Experimente zu geben in bezug auf Prestidigitation (Taschenspielkunst) absolut unmöglich."

"Das war das denkbar beste Zeugnis für die Echtheit der Phänomene bei dem Medium Slade", bekräftigte Tambke.

"Sicherlich, und der Taschenspielkünstler Jakobs bescheinigte folgendes: Meine Herren Gelehrten, ich, ein Taschenspieler, behaupte, daß die Phänomene in der Sitzung, die ich mit Herrn Slade gehalten, wahr und in der Tat spiritistisch sind, und daß sie, wenn man dabei von okkultem Einfluß absieht, geradezu unbegreiflich sind."

"Diese beiden Zeugnisse von ersten Taschenspielkünstlern waren eine glänzende Rechtfertigung für Professor Zöllner. Zogen die Gelehrten ihre Anfeindung nunmehr zurück?"

"Fiel ihnen gar nicht ein. Sie schwiegen diese ihnen unbequemen Tatsachen einfach tot und setzten ihre Anfeindungen gegen Zöllner unbekümmert fort."

"Das war im höchsten Grade unehrenhaft und steht im schärfsten Widerspruch zu der Würde des Gelehrtenstandes."

"Wie bitter Professor Zöllner die schmachvollen und maßlosen Verfolgungen durch die Gelehrten empfand", fügte Tomfohrde hinzu, "geht aus keinen eigenen Aufzeichnungen hervor. Gelegentlich hielt er mit dem Medium Slade eine Sitzung ab, in welcher ein Verstorbener eine Hand verkörperte. Zöllner sagt dazu: Ich ergriff diese Hand und schüttelte auf diese Weise unter herzhaftem Lachen einem Freunde aus der anderen Welt freundlich die Hand. Letztere fühlte sich vollkommen lebenswarm an und erwiderte meine Händedrücke so herzlich, daß ich die größte Lust verspürte, im Hinblick auf die eigentümlichen Erfahrungen bei meinen gelehrten 'Freunden' auf dieser Welt, mich von jener Hand in die vierte Dimension führen zu lassen in der Hoffnung, in jener Welt mehr Wahrheitsliebe und Ehrlichkeit unter den dortigen intelligenten Wesen anzutreffen als hier."

"Die Verfolgungen, denen Professor Zöllner ausgesetzt war, sind offenkundig ein schmutziger Fleck auf dem Gewande des Gelehrtenstandes."

An dieser Stelle erwähne ich, daß Professor Zöllner am 25. April 1882 von einem tödlichen Schlaganfall betroffen wurde, als er gerade mit der Niederschrift der Vorrede zur dritten Auflage seines Kometen-Buches beschäftigt war. Selbst über seinen Tod hinaus wurden die Verunglimpfungen fortgesetzt, und da alle vorhergehenden Mittel nicht zum Ziele geführt hatten, setzte man nunmehr das Märchen in Umlauf, daß Professor Wilhelm Weber sein früheres günstiges Urteil zurückgezogen hätte. Institusdirektor Kupsch richtete eine entsprechende Anfrage an Professor Wilhelm Weber und erhielt darauf folgende Anwort:

"Göttingen, den 10. Dezember 1884.

Geehrter Herr!

In Ihrem Schreiben vom 6. Dezember d.J. sprechen Sie den Wunsch aus, Auskunft über die von mir beobachteten, von Slade im Jahre 1877 in Leipzig produzierten Phänomene zu erhalten, von denen Sie gehört hätten, daß sie nicht mehr als tatsächlich von mir anerkannt würden.

Ich kann Sie in Beziehung auf die von Professor Zöllner, Professor Fechner, Professor Scheibner und von mir gemeinschaftlich vor 7 Jahren beobachteten Phänomene nur auf den von Professor Zöllner im ersten Teil des zweiten Bandes seiner 'Wissenschaftlichen Abhandlungen', Leipzig 1878, Seite 330 bis 345 gegebenen Bericht verweisen, dessen Wahrheit und Genauigkeit ich jetzt noch ebenso wie damals bescheinigen kann.

Daß von denen, welche keine Gelegenheit gehabt haben, an solchen Beobachtungen unter ebenso günstigen Verhältnissen teilzunehmen, Zweifel darüber gehegt und erhoben werden, dürfte wohl nicht auffälliger erscheinen, als wie es mit den von Chladni zuerst nachgewiesenen meteorischen Stein- und Eisenmassen gegangen ist, von denen de Luc äußerte, auch wenn eine solche Masse zu seinen Füßen niederfiele, würde er sagen: Ich habe es gesehen, glaube es aber doch nicht!

Hochachtungsvoll Wilhelm Weber."

"Unter den Gelehrten gibt es, wie wir gesehen haben, glücklicherweise rühmliche Ausnahmen", fuhr Tomfohrde fort, "und gerade unter den bedeutendsten von ihnen finden sich mutige Männer, die offen die Wahrheit bekennen und sich durch die öffentliche Meinung nicht schrecken lassen. Von der Wissenschaft in ihrer Allgemeinheit ist dagegen einstweilen für den Spiritismus nichts zu erwarten."

"Die ablehnende Haltung der Gelehrten, Geschehnissen gegen-

122

über, die ohne Vergleich die Krone des Wissens bedeuten, ist für mich unfaßlich."

"Es handelt sich bei den besseren Elementen der Gelehrten nicht so sehr um eine Ablehnung als um ein Abwarten. Sie fürchten den Kampf mit der öffentlichen Meinung, solange der Spiritismus und der Somnambulismus noch so scharf umstrittene Gebiete sind. Sie glauben, daß ein Schatten auf ihren Namen fallen könnte, wenn sie öffentlich dafür eintreten. Aus diesem Grunde ist es auch erklärlich, daß einige Gernegroße, die sich Vertreter der Wissenschaft nennen und die nur um den Beifall der Menge werben, sich vorlaut schreiend gegen den Spiritismus in den Vordergrund drängen dürfen. Dieser Zustand wird jedoch einen Wandel erfahren, wenn erst das Volk für den Spiritismus Partei ergreift. Diese Zeit wird kommen, und dann ist es mit der abwartenden Haltung der Gelehrtenwelt vorüber. Mit emsigem Fleiß wird sie alsdann den weiteren Ausbau dieser Gebiete betreiben."

"Daraus ziehe ich den Schluß, daß der Spiritismus aus dem Volke heraus zur Geltung gebracht werden muß."

"Nur auf diesem Wege ist Günstiges und Großes zu erreichen. Was nötig ist, ja, was dringend not tut, ist der Glaube an die Unsterblichkeit, nicht als Bestandteil eines konfessionellen Glaubensbekenntnisses, sondern in der Form des Beweises als eine selbsteigene Erfahrung. Wird dieser Weg allgemein beschritten, so wird daraus ein Segen erblühen, aus dessen Früchten jeder einzelne und die Gesamtheit reichen Nutzen ziehen wird."

IX.

TAMBKE SETZT DIE BELEHRUNGEN VON TOMFOHRDE IN DIE PRAXIS UM

Tambke führte seinen Entschluß durch und verzog Mitte 1880 von Stade nach Wilhelmsburg bei Hamburg. Eine passende und lohnende Stellung als Schiffszimmermann hatte er bald gefunden, und nun ging er daran, einen Kreis von geeigneten Personen zu bilden, um spiritistische Sitzungen zu halten.

Sensitive Personen ausfindig zu machen, stellte sich als leichter heraus, als Tambke angenommen hatte. Von seinen eigenen Kindern waren zwei gut sensitiv, und zwar die 13-jährige älteste Tochter Betty und der 17-jährige älteste Sohn Heinrich. Zwei andere seiner Kinder waren nicht sensitiv und die beiden jüngsten Kinder von drei und sechs Jahren kamen nocht nicht in Betracht.

Ein junger Landwirt namens Wilhelm Cordes, im Alter von 23 Jahren, und dessen Mutter Frau Cordes, im Alter von 45 Jahren, wurden mit herangezogen.

Außerdem trat noch ein 14-jähriges Mädchen Maria hinzu, dessen Zunamen zu nennen ich eine Berechtigung nicht erhalten habe, und das ich darum Maria Behncke heißen werde.

Tambke ließ es sich zunächst angelegen sein, Magnetiseure auszubilden. Seine Tochter Betty und der Landwirt Wilhelm Cordes erwiesen sich als hervorragend begabt mit odischer Heilkraft, und beide stellten diese Befähigung in den Dienst der Menschheit. Die Heilkraft war zunächst noch gering, entwickelte sich durch praktische Anwendung jedoch immer mehr und erreichte nach und nach einen so hohen Grad, daß beide jungen Leute den schwersten Krankheiten begegnen konnten und Heilwirkungen erzielten, die allseitig Staunen und Aufsehen hervorriefen.

Die Anwendung des Heilmagnetismus wurde nicht etwa auf die eigenen Familien beschränkt, sondern wurde allen gegenüber ausgeübt, die darum nachsuchten. Ein Entgeld für die heilmagnetischen Behandlungen wurde weder beansprucht noch genommen. Im Laufe der Jahre haben diese beiden jungen Leute viele tausend Kranke durch Heilmagnetismus behandelt und von ihren Leiden befreit.

Der Kreis, den Vater Tambke zusammenstellte, bestand aus ihm selbst, zweien seiner Töchter, zweien seiner Söhne, dem Landwirt Wilhelm Cordes, dessen Mutter Frau Cordes und dem jungen Mädchen Maria Behncke, insgesamt acht Personen.

Eines Abends gruppierten sich diese Personen, nachdem man sämtliche metallenen Gegenstände, wie Geld, Fingerringe, Uhr, Uhrkette, Schlüssel usw. fortgelegt hatte, in bunter Reihe um einen leichten Tisch. Die Fenster wurden dicht verhängt, so daß völlige Dunkelheit herrschte. Eine kleine Lampe wurde abseits gestellt, deren spärliches Licht noch durch dunkelrote Papierschirme herabgemindert wurde. Alle Beteiligten legten ihre Hände auf den Tisch, und die Zeit vertrieb man sich mit gemeinsamem Singen. Durch den gemeinsamen Gesang sollten die Bedingungen für das Eingreifen jenseitiger Wesen günstiger gestaltet werden. Als nach eineinhalb Stunden Manifestationen irgendwelcher Art nicht hervorgetreten waren, brach man die Sitzung ab.

Dieselben Sitzungen wurden zweimal wöchentlich fortgesetzt, immer an den gleichen Tagen, immer genau zu der vereinbarten

Zeit und immer am gleichen Orte. Von der zweiten Sitzung an ging man auch dazu über, daß jeder Teilnehmer vor Beginn der Sitzung durch einige Ganzstriche, von den Augen abwärts bis über die Fußspitzen hinaus, magnetisiert wurde. Diese magnetischen Ganzstriche wurden durch Wilhelm Cordes ausgeführt.

In den ersten sechs Sitzungen ereignete sich nichts. Erst in der siebenten Sitzung trat Tischrücken ein, das sich in den folgenden Sitzungen noch verstärkte und nun unter Anwendung des alphabetischen Systems zur Erlangung von Mitteilungen verwendet werden konnte.

Diejenigen Personen mit der größten mediumistischen Anlage in diesem Kreise waren Betty Tambke und Maria Behncke. Die Ausbildung der Anlage hatte bei diesen nach und nach eine solche Höhe erreicht, daß bei jedem dieser beiden Mädchen das Tischrücken auch ohne Abhaltung einer Sitzung eintrat, wenn sie ihre Fingerspitzen auf einen Tisch legten, und manche Gegenstände rückten zu diesen Mädchen heran, ohne daß eine Berührung stattfand. Bei solchen Gelegenheiten waren es Stühle, Tische, sogar ein Sofa, welche bis zu den beiden Kindern heranrückten, obgleich sie einige Meter davon entfernt waren und niemand jene Gegenstände berührte.

Die Sitzungen wurden regelmäßig fortgesetzt, ohne daß Fortschritte erzielt wurden. Es trat nur Tischrücken hervor, wenn auch in immer stärkerem Maße. Der eine oder der andere Teilnehmer begann bereits ungeduldig zu werden und meinte, daß andere Erscheinungen doch nicht mehr zu erwarten seien. Aber Vater Tambke und der Landwirt Wilhelm Cordes sorgten mit unermüdlicher Ausdauer dafür, daß das Interesse rege erhalten wurde.

Nach etwa einem Jahre, Tomfohrde war inzwischen gestorben, erhielt der Kreis in einer Sitzung unter Anwendung des alphabetischen Systems durch Tischkippen die Mitteilung: "Gewißheit". Die Teilnehmer wußten mit dieser Nachricht nichts anzufangen, bis Vater Tambke, freudig erregt, sie darüber aufklärte, daß zwischen ihm und Tomfohrde zu dessen Lebzeiten vereinbart worden sei, daß derjenige von ihnen beiden, der zuerst stirbt, sich durch dieses Geheimwort kenntlich machen solle.

In der gleichen Sitzung machte Tomfohrde durch Tischkippen die Mitteilung, daß das jenseitige Leben alle nur denklichen Erwartungen weit übertreffe, und ebenso ordnete er vermittels des alphabetischen Systems an, daß die Sitzungen auf unbestimmte Zeit unterbrochen werden sollten. Dagegen sollten die Teilnehmer wie bisher regelmäßig zusammenkommen, aber keine Sitzungen abhalten.

Vater Tambke legte allen Mitteilunen, soweit sie nicht klar kontrollierbar waren, nur einen bedingten Wert bei. Auch ließ er es als einstweilen nebensächlich dahingestellt sein, ob das Tischrücken somnambulistisch oder spiritistisch zu erklären sei.

Nur in einem Punkte befolgte er alle Anordnungen ganz genau, nämlich dann, wenn die Mitteilungen sich auf die Ausführung der Sitzungen bezogen.

So auch in diesem Falle. Die Sitzungen wurden eingestellt, die regelmäßigen Zusammenkünfte aber beibehalten. Die weitere Ausbildung der beiden Medien wurde, trotz Unterbrechung der Sitzungen, von den unsichtbaren Wesen fortgesetzt, wie sich nach einiger Zeit mit Klarheit herausstellte.

Nach fast drei Monaten, einschließlich der Tischrücksitzungen also insgesamt nach eineinviertel Jahren, als der erwähnte Kreis eines Abends in bekannter Weise wiederum zusammenkommen war, verfielen Maria Behncke und Betty Tambke unerwartet und zum ersten Male in den magnetischen Schlaf. In diesem Schlafzustande erhob sich Maria Behncke, stellte sich mitten im Zimmer auf und hielt einen Vortrag über das Thema ''Wo ist Liebe, wo ist Wahrheit?''. Maria Behncke, ein 14jähriges Mädchen, das nur die Landschule besucht hatte, sprach in fließender und gewählter Sprache länger als eine halbe Stunde über diesen schwierigen Gegenstand, und dann wurde wörtlich folgendes hinzugefügt: ''Freunde! Diesen Vortrag hat nicht Maria gehalten, sondern ich,

Tomfohrde, war es, der durch dieses Medium zu euch gesprochen hat. Eure beiden Medien Maria und Betty sind von heute an kontrolliert, und ich, Tomfohrde, bin von höherer Seite zum Kontrollgeist bestimmt.''

Im Anschluß daran erteilte Tomfohrde durch die Sprechwerkzeuge der beiden Medien genaue Anweisungen, wie die Sitzungen fernerhin abzuhalten seien, und daß wöchentlich eine Sitzung stattfinden solle.

Mit Riesenschritten ging die Entwicklung nunmehr vor sich. Fast in jeder Sitzung traten neue und immer bedeutungsvollere Erscheinungen hervor. Die beharrliche und unermüdliche Ausdauer des Kreises fand reichen Lohn.

Schon gleich in der folgenden Sitzung wurden die Teilnehmer durch ein eigenartiges Phänomen überrascht. Sie hatten sich um den Sitzungstisch gruppiert, und schon wenige Minuten später befanden sich Maria und Betty im magnetischen Schlaf oder in Trance. Eine seitwärts stehende Lampe, deren Licht durch einen Papierschirm abgedämpft war, verbreitete schwaches Dämmerlicht. Die Teilnehmer bildeten eine Kette, indem sich alle gegenseitig angefaßt hatten. Der Tisch wurde von niemandem berührt, und doch kam er in schüttelnde Bewegung. Aber noch mehr. Nachdem diese sonderbaren Bewegungen einige Minuten gedauert hatten, erhob sich der Tisch, stieg langsam bis zur Stubendecke empor, drehte sich in der Luft um, derart. daß die Tischbeine nach oben gerichtet waren, kam dann langsam wieder herunter, drehte sich erneut um, mit den Tischfüßen nach unten gerichtet, und stellte sich behutsam wieder auf den Fußboden hin.

Änliche Erscheinungen wiederholten sich in den folgenden Sitzungen, die teils bei schwachem Lampenlicht, teils in voller Dunkelheit abgehalten wurden, mit anderen kleineren Gegenständen in großer Zahl. Einige solche Gegenstände hatte Vater Tambke mit Leuchtfarbe angestrichen, und diese wurden in den Dunkelsitzungen ohne sichtbare Berührung nach allen Richtungen umhergetragen.

Das Tischrücken hatte ganz aufgehört. Dafür stellte sich das be-

128

kannte Tischklopfen ein und bot ein bequemeres Verständigungsmittel als das Tischrücken. Die meisten Mitteilungen wurden jedoch durch Sprechen oder Schreiben gemacht, indem die Verstorbenen sich dabei der Medien bedienten, wenn diese im Tranceschlaf waren.

Diese Phänomene kamen nicht einzeln vor, sondern traten als Massenerscheinung in außerordentlicher Mannigfaltigkeit auf. Es würde den Rahmen dieses Buches überschreiten, wenn die Phänomene einzeln und ausführlich geschildert würden.

Der Verfasser dieser Schrift kam zehn Jahre nach den in diesem Buche geschilderten Vorgängen nach Wilhelmsburg, und zwar in der Absicht, den von ihm vermuteten Betrug zu entlarven, mußte aber nach langjähriger Prüfung vor der Macht der Tatsachen bedingungslos die Waffen strecken. Die vorstehend erwähnten und nachfolgend noch zu nennenden Phänomene hat der Verfasser in seinem Buche: "Die Toten leben, Eigene Erlebnisse von H. Ohlhaver" einzeln und ausführlich behandelt und hat seine jahrelangen Forschungen mit allen Einzelheiten dargelegt. Auf dieses Buch muß hinsichtlich aller Geschehnisse verwiesen werden, die in der vorliegenden Schrift nur angedeutet werden können.

Immerhin wünsche ich an dieser Stelle eine Tranceschrift mitzuteilen. Ein Kandidat der Theologie hatte sich an mehreren Sitzungen beteiligt, legte jedoch, nachdem er die Geschehnisse kennengelernt hatte, das Studium der Theologie nieder und ging zu anderen Wissenszweigen über. In einer Sitzung erhielt er auf eine entsprechende Anfrage folgende schriftliche Antwort von Tomfohrde, welche dieser durch das Medium Betty niederschrieb, als sie sich im Tranceschlaf befand:

"Lieber Freund!

Du willst wissen, welche Stellung Jesus Christus einnimmt. Wir sind nicht geneigt, Vergleiche anzustellen zwischen verschiedenen Lehrern, welche zu verschiedenen Zeiten Gott gesandt hat. Dafür ist die Zeit noch nicht gekommen. Aber soviel können wir sagen, daß ein reinerer, edlerer, mehr segenspendender und gesegneterer Geist noch niemals seine Wohnstatt auf der Erde aufgeschlagen hat. Nie hat einer durch ein Leben selbstaufopfernder Liebe sich größere Verdienste um die Menschheit erworben, eine segensreichere Wirksamkeit entfaltet oder ein größeres Werk für Gott errichtet.

Wir sehen keine Veranlassung dazu, zwischen Gottes hervorragenden Lehrern Vergleiche zu ziehen. Wir wollen lieber einem jeden derselben das ihm gebührende Lob spenden und solche Beispiele von Uneigennützigkeit, Selbstverleugnung und hingebender Liebe einem Geschlecht, das solcher Muster so dringend bedürftig ist, zur Nachahmung vorhalten.

Hätten doch nur die Menschen ihre Kräfte darauf verwandt, die schlichte Anspruchslosigkeit und Aufrichtigkeit, die liebevolle, angestrengte Tätigkeit, den Ernst und Eifer und die Reinheit in Gedanken und Wandel, welche Freund Jesus Christus auszeichneten, nachzuahmen, dann hätten sie sich nicht so viel über seine Natur herumgezankt und nicht so viele Worte über nutzlose Haarspaltereien verloren.

Eure Theologen hätten in ihren müßigen, wahnwitzigen Spekulationen Euch dann nicht eine unwürdige Hinterlassenschaft aufgebürdet, sondern hätten ihre Sinne auf nützliche Dinge gerichtet und wären ein Segen für die Menschheit geworden. Es hätten die Menschen der Verehrung, die allein nur Gott dem Allerhöchsten gebührt, alsdann keinen Abbruch getan und das einfache Evangelium, das Jesus predigte, in dessen ursprünglichem Sinne angenommen.

Statt dessen aber haben sie eine Theologie ausgearbeitet, welche von einem Gottmensch redet und Gott menschliche Gestalt und Eigenschaften beilegt und sind damit immer weiter und weiter von Jesu einfacher Lehre abgekommen. Ja, eine Theologie hatten sie ausgegrübelt, die seinen Namen und seine Lehre zu einem Tummelplatz sich befehdender Sekten gemacht und es zuwege gebracht hat, daß aus ihrem Munde seine Lehre sich wie eine spöttische, höhnische, verzerrte Nachahmung anhört, ein Schauspiel, auf welches sein Geist mit Trauer und Mitleid herabsieht.

Wir entehren nicht den Freund Jesus, vor dessen hehrer Majestät wir uns beugen, wenn wir einer leeren Einbildung, die er mit Entrüstung von sich weisen würde, und welche der Mensch in seinem Wahn ihm angedichtet und aufgenötigt hat, nicht beistimmen, nein, wahrhaftig nicht. Jene aber, die im krampfhaften Festhalten des Buchstabentextes der Schrift, eines Textes, den sie nicht verstanden und dessen eigentlichen Sinn sie nie erfaßt haben, haben Gott, seinen großen und unser aller Vater, entehrt und in gottloser, wenngleich unwissender Weise der Verehrung, die allein nur dem Allerhöchsten gebührt, Abbruch getan.

Wir gehen nicht darauf aus, einen Glauben zu untergraben, wenn solcher ein unschädlicher Irrtum ist, können aber seine Anschauung in Schutz nehmen, welche für Gott entehrend und für den Fortschritt der Seele ein Hemmschuh ist. Einen Menschen als Gott zu verehren und darüber in sehr vielen Fällen die dem Großen Vater des Alls schuldige Verehrung und Liebe außer acht zu lassen, ist eine heillose Verblendung, welche Menschen ihre Pflicht gegen Gott hintenansetzen macht.

Das Festhalten an einem unnachgiebigen, leb- und empfindungslosen Buchstabenglauben hält die Seele geknechtet, läßt sie darben und verarmen, gestattet keinen Fortschritt, und so, anstatt sich zu entwickeln und zu wachsen, bleibt sie ein Zwerg.

Wir verkünden Dir reinere und vernünftigere Ideen, als sie in dem kirchlichen Wahn von einer wirklichen Hölle, von einer Versöhnung und von einem stellvertretenden Sühneopfer enthalten sind. Von dem toten Formwesen und leblosen, lieblosen Buchstabenglauben der Vergangenheit rufen wir Dich weg zu einer Religion geistiger Wahrheiten, wie sie eines selbstbewußten, selbständigen und verantwortlichen Menschen würdig ist.

Was wir zu Dir gesagt haben, ist wohl erwogen und mit allem Bewußtsein der Wichtigkeit des Gegenstandes gesagt. Denke ruhig und reiflich darüber nach und lasse Dich dabei von keinen anderen Rücksichten als Wahrheitsliebe leiten. Suche höheren Beistand, denn solcher wird allen zuteil, welche ernstlich darum bitten.

Dein Freund J. Tomfohrde."

Die Geschehnisse in den Sitzungen bei Vater Tambke steigerten sich fortlaufend weiter. Es zeigten sich leuchtende Hände in allen Größen und Formen, von Kinderhändchen aufwärts bis zu großen Manneshänden, und einige Wochen später erschienen bereits Teilverkörperungen, indem die Hände fest materialisiert waren, so, daß man sie anfassen und schütteln konnte. Auch ergriffen diese Hände oftmals einen daliegenden Bleistift und machten direkte Niederschriften von Mitteilungen.

Auf Tafeln wurde geschrieben, obgleich man sie zusammen mit einem Stückchen Griffel fest und sorgsam in Papier verpackt oder in eine Tischschublade gelegt hatte.

Apporte wurden gemacht, indem Gegenstände mancherlei Art, teils auf weite Entfernungen, herbeigeschafft wurden. Die meisten Apporte waren Heilmittel, die überwiegend aus Blütenstaub bestanden und für Kranke bestimmt waren, die Betty magnetisiert hatte.

Pflanzen ließen die geistigen Freunde wachsen, die unter genauer Kontrolle im Zeitraum von weniger als einer Stunde zur vollen Entwicklung kamen und zum Teil auch Knospen und Blumen getrieben hatten.

Eine besondere Fähigkeit entwickelte sich unerwartet bei Betty. Eines Morgens, als sie mit häuslichen Arbeiten beschäftigt war, hörte sie den freundlichen Gruß: "Guten Morgen, Betty." In der Meinung, daß Besuch gekommen sei, durchsuchte sie die ganze Wohnung, ohne irgend jemand finden zu können. Aber immer erneut wurde ihr derselbe Gruß neckend zugerufen. Ihre verstorbene Mutter unterrichtete sie schließlich, daß sie hellhörend geworden sei, und nun überbrachten zahlreiche unsichtbare Wesen ihre Glückwünsche und Morgengrüße, die Betty hellhörend entgegennehmen konnte. Mitteilungen und Anweisungen seitens der unsichtbaren Freunde wurden von jetzt an meistens auf diesem Wege vermittelt.

Wenige Tage später trat zum Hellhören auch das Hellsehen. Tomfohrde teilte Betty mit, wie sie hellhörend vernahm, daß sie von nun an die jenseitigen Freunde auch ständig sehen könne. Zu dem Zwecke müsse sie die Augen schließen und den Wunsch haben, jene Wesen sehen zu wollen. Als sie so verfuhr, erblickte sie zu ihrem Staunen eine ganze Gesellschaft der Jenseitigen, die sich freudig grüßend um sie drängten. Sie erkannte ihre Mutter, ihren Onkel, ferner Tomfohrde und einige andere, während ihr manche unbekannt waren. Von nun an war Betty zu jeder Tageszeit imstande, bei Besuchern aller Art, ob fremd oder bekannt, die bei ihnen befindlichen geistigen Wesen genau zu beschreiben und auch aus einer beliebig großen Anzahl von Photographien die entsprechenden Bilder herauszusuchen.

Als die Krone aller bisherigen Geschehnisse sollte nunmehr auch der sehnliche Wunsch von Vater Tambke in Erfüllung gehen, ganze Verkörperungen von Verstorbenen kennenzulernen. Solche Gestalten nennt man materialisiert oder Materialisationen. Tomfohrde hatte angeordnet, daß am folgenden Sonntage eine solche Materialisationssitzung stattfinden solle. Bei Sitzungen dieser Art nimmt das Medium allein in einem Dunkelkabinett Platz. Das Dunkelkabinett kann ein verdunkelter Nebenraum oder eine abgeteilte Zimmerecke sein.

An jenem Sonntage versammelten sich die Teilnehmer nachmittags gegen zwei Uhr im Sitzungszimmer. Das direkte Tageslicht war durch Fenstervorhänge abgeschnitten, so, daß im Sitzungsraum ein Dämmerlicht herrschte, welches aber immerhin hell genug war, daß die Teilnehmer sich gegenseitig gut erkennen konnten. Das Medium Betty setzte sich allein in das Dunkelkabinett, und durch gemeinsamen Gesang wurde für eine harmonische Stimmung gesorgt.

Nach annähernd fünfzehn Minuten traten aus dem Dunkelkabinett zwei Gestalten heraus. Davon war die eine das Medium Betty, im Tranceschlaf befindlich, von einer anderen Gestalt an der Hand geführt. Die andere Gestalt war die verstorbene Frau von Vater Tambke. Die materialisierte Gestalt von Frau Tambke war nicht nur deutlich sichtbar, sondern auch anfaßbar und so klar erkenntlich, als wäre sie noch ein Mensch von Fleisch und Blut. Jeden einzelnen Teilnehmer begrüßte sie durch einen Händedruck. Sie war in ein schneeweißes, zart gemustertes Gewand gekleidet und verweilte als materialisierte Gestalt sieben Minuten lang unter ihren Angehörigen. Dann ging sie zusammen mit dem schlafenden Medium ins Dunkelkabinett zurück und hatte sich sofort wieder entkörpert. Denn der Vorhang des Kabinetts wurde im unmittelbaren Anschluß von dem schlafenden Medium geöffnet. Die materialisierte Gestalt und die weiße Gewandung waren verschwunden und nur das Medium war vorhanden.

Nach etwa zehn Minuten kam eine andere materialisierte Gestalt aus dem Dunkelkabinett heraus, aber ohne Begleitung des Mediums. Es war eine große, starke und männliche Erscheinung mit einem Backenbart, und zwar war es Tomfohrde, ganz in der Art, wie Tambke ihn zu Lebzeiten gekannt hatte. Alle Teilnehmer, soweit sie Tomfohrde zu seinen Lebzeiten kennengelernt hatten, erkannten ihn klar und deutlich. Tomfohrde war auch in eine weiße Gewandung gekleidet. Die Anordnung war jedoch anders als bei Frau Tambke, und auch die Farbe des Stoffes war nicht schneeweiß, sondern von gelblicher Tönung. Mit dem für alle deutlich vernehmbaren Gruße: "Guten Tag, Freund Tambke", reichte er diesem die Hand und begrüßte dann jeden einzelnen Teilnehmer. Nach Ablauf von 4 Minuten ging Tomfohrde ins Kabinett zurück und zeigte sich in dieser Sitzung nicht wieder.

In dieser ersten Materialisationssitzung verkörperten sich nur die genannten beiden Verstorbenen. In allen späteren derartigen Sitzungen materialisierten sich meistens fünf bis neun verschiedene Gestalten. Durchschnittlich erschienen nacheinander sieben bis acht Materialisationen in jeder solchen Sitzung und immer waren es Verwandte oder Bekannte von solchen Personen, die als Teilnehmer zugegen waren.

Die anderen Sitzungen wurden meistens einmal wöchentlich abgehalten. Materialisationssitzungen fanden dagegen nur alle vier Wochen statt. Im Laufe der Jahre hat Vater Tambke annähernd an zweihundert dieser Materialisationssitzungen teilgenommen und hat auf diese Weise beiläufig 1500 materialisierte Gestalten kennengelernt.

Der Verfasser dieses Buches, der dem Spiritismus äußerst ungläubig gegenüberstand, vor den Tatsachen jedoch kapitulieren mußte, hat etwa siebzig Materialisationssitzungen mit dem Medium Betty beigewohnt und etwa 500 materialisierte Gestalten gesehen und geprüft. Über seine Erlebnisse berichtet er erschöpfend in dem anderen von ihm verfaßten und schon erwähnten Buche.

Es ist bemerkenswert, daß der von Vater Tambke gebildete Kreis unter pünktlicher und regelmäßiger Innehaltung der Sitzungen ein ganzes Jahr lang nichts als Tischrücken hatte und dann ein viertel Jahr die Sitzungen einstellen mußte. Sobald das Medium jedoch für kontrolliert erklärt wurde, nahm die Steigerung der Phänomene einen so schnellen Fortgang, daß schon nach acht Wochen ganze Materialisationen erreicht waren.

In den ersten eineinhalb Jahren wurden Fremde zu den Sitzungen nicht zugelassen. Späterhin beteiligten sich an jeder Sitzung einige fremde Personen. Doch wurde Tomfohrde in jedem Einzelfall über die Zulassung eines Fremden vorher befragt. Auf diese Weise haben nach und nach mehrere tausend Personen aller Stände den Spiritismus auf Wilhelmsburg gründlich kennengelernt, und ein Entgeld für die Teilnahme an den Sitzungen wurde nicht entrichtet.

Bei Niederschrift dieser Aufzeichnungen - Anfang 1918 - erfreuen sich Vater Tambke und seine Tochter Betty, jetzt in anderen Verhältnissen lebend, noch blühender Gesundheit, und der gesamte Inhalt dieses Buches ist unter ihrer Mitwirkung verfaßt.

Tambke und Tomfohrde waren praktische Pioniere. Sie reichten sich im wahren Sinne des Wortes noch über das Grab hinaus die Hand im vereinten Dienst für den Spiritismus.

X.

FÜR UND GEGEN

Unsere Gegner sagen, daß der Spiritismus in allen Landen mehr als 70 Millionen Anhänger hat. Diese Einschätzung, die von gegnerischer Seite stammt, darf als richtig angenommen werden. Alle diese Anhänger standen dem Spiritismus ursprünglich ungläubig und ablehnnd gegenüber, weil sie die berichteten Geschehnisse für "unmöglich" hielten. Nach eingehendem Studium mußten sie sich aber vor der Macht der Tatsachen beugen und traten freudig in unseren Kreis.

Gegner im eigentlichen Sinne hat der Spiritismus nur in verschwindend kleiner Zahl, und diese Gegnerschaft hat ihre Quelle in eigensüchtigen Interessen.

Die große Masse kann als Gegner nicht bezeichnet werden. Sie ist nur ungläubig den Tatsachen gegenüber und hält die Vorkommnisse für unmöglich. Sie steht also auf dem gleichen Standpunkt, auf dem die Spiritisten standen, ehe sie Erfahrungen gesammelt hatten. Sobald die große Masse überzeugt werden kann, daß die Tatsachen wirklich vorhanden und keine Einbildungen sind, wird sie in unser Lager hinüberschwenken. Dieser Umschwung wird mit Sicherheit eintreten und ist nur die Frage einer Zeit.

Die spiritistische Bewegung, 1848 beginnend, feiert in diesem

Jahre ihr 70jähriges Jubiläum. Anfänglich eine winzige Schar, vergrößerten sich die Reihen nach und nach und schwollen in immer schnellerem Tempo zu gewaltigen Zahlen an. Es bedarf keines Seherblickes, um vorauszusagen, daß in nochmals siebzig Jahren die siegende Gewalt des Spiritismus den Weltball beherrschen wird.

Von denen, die ein eigenes Interesse daran haben, gegen den Spiritismus zu kämpfen, wird in der Tagespresse Stimmung gegen uns gemacht, indem man durch witzelnde und erdichtete Aufsätze uns der Lächerlichkeit preiszugeben oder den Stab über uns zu brechen sucht. Wie es gemacht wird, dafür ein kleines, aber immerhin charakteristisches Beispiel:

Mein Buch ''Die Toten leben. Eigene Erlebnisse'' war fertiggestellt, und der Verleger sandte eine große Anzahl von Prospekten in die Welt hinaus. Wenige Tage später konnte man in einigen zwanzig Zeitungen spaltenlange Aufsätze über das Buch lesen. Die Kritik war vernichtend. Alle meine Angaben seien unwahr, und die berichteten Geschehnisse seien nur auf Taschenspielerei und Betrug zurückzuführen. Ich mußte über den Eifer und die hellseherische Begabung dieser Kritiker um so mehr staunen, als noch nicht ein einziges Exemplar des Buches geliefert war, also auch keiner der Kritiker eine Kenntnis von dem Inhalt haben konnte.

Eine von mir angestellte, eingehende Nachforschung ergab, daß die erstaunlichen Besprechungen von besoldeten Vertretern der Kirche stammten. Der Verlag hatte angenommen, daß das Buch gerade für die Angestellten der Kirche ungemein wichtig sei und hatte im guten Glauben unter anderem an etwa tausend Geistliche aller Konfessionen je einen Prospekt gesandt. Die Antwort waren die gekennzeichneten Veröffentlichungen in den Zeitungen.

Ein Betrug lag in der Tat vor, aber nicht in meinem Buche, sondern in diesen Zeitungsartikeln war er enthalten. Die Kritiker suchten der Öffentlichkeit vorzutäuschen, daß sie das Buch gelesen und den Inhalt geprüft hätten und nun berechtigt seien, meine Angaben als Taschenspielerei und Betrug zu bezeichnen.

Ich hätte die Zeitungen und die Verfasser der zahlreichen Aufsätze vor das Gericht laden und deren Bestrafung herbeiführen können. Diesen Weg beschritt ich jedoch nicht, weil sich, im Gegensatz zu der Absicht der Verfasser, ergab, daß gerade aus jenen Orten, wo die erwähnten Aufsätze erschienen waren, die Bestellungen in ungewöhnlich hoher Zahl eingingen. Ich ließ die Verfasser also ruhig ihre dunklen Pfade ziehen.

Allen jenen Zeitungen sandte ich jedoch eine gedruckte Anzeige des Inhalts, daß ich einen Betrag von 100.000 Mark demjenigen zu zahlen gewillt sei, der hinsichtlich der von mir berichteten und selbsterlebten Tatsachen beweist, daß ich eine Unwahrheit begangen habe. Ich fügte hinzu, daß ich, abgesehen von den in meinem Buche genannten Zeugen, weitere hundert Personen oder mehr zu nennen bereit sei, die über eigene Erlebnisse mit dem gleichen Medium Auskunft geben würden.

Trotz angestrengter Bemühungen hat keiner den Preis erringen können.

Nachdem diese Kreise erkannt hatten, daß ihre Schmähartikel meinem Buche nicht allein nicht geschadet hatten, sondern eine Propaganda dafür gewesen waren, wandten sie sich an die während der Kriegszeit bestehende Zensur und beantragten die Beschlagnahme. Die Zensur gab diesen Anträgen nach und beschlagnahmte meine Schrift. Nun hatten jene Leute ihr Ziel erreicht, und das verhaßte Buch war einstweilen unschädlich gemacht. Ihre Freude dauerte jedoch nicht lange. Denn ich wandte mich mit folgendem Schreiben an den derzeitigen Reichskanzler von Bethmann-Hollweg:

''Das anliegende Buch ''Die Toten leben. Eigene Erlebnisse'' ist von mir verfaßt und wurde von der Zensur beschlagnahmt.

Meine Aufzeichnungen waren ursprünglich nicht für die Öffentlichkeit bestimmt. Sie sollten innerhalb meiner Familie ein Vermächtnis bleiben. Die Schwere der Zeit hat mich jedoch veranlaßt, jene Aufzeichnungen volkstümlich umzuarbeiten und in Buchform herauszugeben.

Wenn der Ausspruch eines Philosophen "Der Materialismus führt zum Bestialismus" sich in dieser Allgemeinheit noch nicht verwirklicht hat, so ist der Grund dafür darin zu suchen, daß die extremen Folgen nur durch das immer wieder zum Durchbruch kommende, unklare Gefühl gemildert wurden, daß der Mensch doch mehr ist als nur ein Häufchen Materie.

Immerhin hat die brutale Rücksichtslosigkeit des einen gegen den anderen, die nur auf materiellen Gewinn gerichtet ist, gerade zur gegenwärtigen Zeit eine Steigerung erfahren, die erschreckend wirkt und die in dieser Größe niemals vorher zum äußeren Ausdruck kam. Läßt sich dieser Erscheinung kein durchgreifendes Mittel entgegenstellen, dann gehen wir furchtbaren Zeiten entgegen. Gesetzgebung und Staatsanwalt sind nur Palliativmittelchen. Die Gesundung muß von innen heraus geschehen und muß bei jedem einzelnen einsetzen.

Die Kirche hat sich als ohnmächtig erwiesen und hat mit ihrem ungeheuren Apparat in allen Konfessionen und in allen Ländern eine vernichtende Niederlage während dieses Weltkrieges erlitten.

Es gibt nur ein einziges Mittel, welches Wandel schaffen kann. Es muß der Beweis geliefert werden, daß der Mensch unsterblich und mehr, viel mehr ist, als seine Erscheinungsform erkennen läßt.

In meiner Schrift "Die Toten leben. Eigene Erlebnisse" habe ich alle weitergehenden Erörterungen, für die die breite Masse noch nicht reif ist, weggelassen und habe mich durch nüchterne Tatsachen auf den Beweis beschränkt, daß wir persönlich weiterleben, ja, daß wir gar nicht sterben können, auch wenn wir es wollten.

Wenn es gelingt, diesen Nachweis ins Volk zu tragen, dann wird den gewaltigen Errungenschaften dieses Krieges die sittliche Erneuerung folgen, und dann kann der Ausspruch "Am deutschen Wesen wird die Welt genesen" herrliche Wahrheit werden. Meine Schrift darf in dieser Hinsicht mit als Schrittmacher dienen.

Das Buch "Die Toten Leben. Eigene Erlebnisse" kann in keiner

Beziehung eine Hemmung der Kriegsziele sein, wohl aber kann es die Bitterkeit im Volke mildern und dazu beitragen, für höhere Auffassungen freien Raum zu schaffen. Ich bitte Eure Exzellenz deshalb gehorsamst, die Beschlagnahme aufheben zu wollen."

Meinem Antrage an den Reichskanzler wurde stattgegeben und der ungehinderte Verkauf des Buches verfügt. Die Lieferungen nahmen einen immer weiteren Umfang an, und das erregte um so größere Erbitterung bei den erwähnten Gegnern. Da sie das Buch nicht mehr unschädlich machen konnten, beantragten sie nunmehr bei der Zensur die Beschlagnahme der Prospekte, um auf diese Weise die fernere Anpreisung des Werkes unmöglich zu machen oder doch zu erschweren. Auch dieser kleinliche Anschlag gelang, und der Prospekt wurde beschlagnahmt. Der Verlag ließ einen neuen Prospekt drucken, der die Billigung der Zensur fand, und benutzte die Gelegenheit zu einer weiteren Steigerung der Lieferungen.

Eine überkluge Berliner Zeitung "Die Welt am Montag" machte geltend, daß meine Schriften nur aus geschäftlichen Gründen verbreitet würden. Zu einer Berichtigung konnten diese mutigen Zeitungsschreiber sich nicht aufraffen. Mir will es scheinen, man sollte nicht mit Steinen werfen, wenn man in einem Glaskasten sitzt, wie es bei der "Welt am Montag" der Fall ist. Ich kann auch keinen Grund erkennen, warum der Verlag und ich für unsere Mühen keinen Anspruch auf Entgelt haben sollen. Tatsächlich liegt es jedoch so, daß, einem Übereinkommen entsprechend, weder der Verlag noch ich einen materiellen Nutzen aus meinen Schriften ziehen. Alle Gewinne, die diese Bücher ergeben, werden immer erneut zu deren Bekanntgabe verwandt. Ich habe sogar schon über 30.000 Mark zur Deckung der beträchtlichen Kosten aus eigenen Mitteln beigesteuert und bin gewillt, weitere Beträge aufzuwenden, um auch auf diese Weise zu meinem Teil mitzuwirken, die Kenntnis des Spiritismus ins Volk zu tragen.

Die böswillige Gegnerschaft hatte dem Verlag wohl Störungen, Kosten und Zeitverlust verursacht, aber der Plan, das Buch zu unterdrücken, gelang nicht und wird auch nicht gelingen.

Ich wünsche die Sachlage in anderer Richtung noch kurz zu beleuchten. Ich bin Hamburger Kaufmann und Exporteur. Nebenbei beschäftigte ich mich mit der Lösung einiger Probleme, die mir auch gelang. Es waren drei Erfindungen auf dem Gebiete der Optik, des Maschinenwesens und der physiologischen Chemie. Die Erfindungen verkaufte ich und erhielt dafür 425.000 Mark. Die Summe nenne ich nur, um darzulegen, daß es sich nicht um Spielereien handelte. In der Kriegszeit vollendete ich eine weitere Erfindung, die erst nach dem Kriege in die Praxis umgesetzt werden kann und deren Wert einige Millionen Mark beträgt. Die Lösung dieser Probleme und die Vollendung der Erfindungen erforderten eine Beobachtungsgabe, die das Normalmaß übersteigt.

Die gleiche sorgsame und nüchterne Untersuchung verwandte ich auf die Prüfung der spiritistischen Vorkommnisse. Meine Beobachtungen notierte ich jedesmal mit allen Einzelheiten, um mir selbst Rechenschaft über das Erlebte zu geben.

Von befreundeter Seite wurde ich gedrängt, meine spiritistischen Erfahrungen zu veröffentlichen. Ich konnte mich nicht dazu entschließen, weil es für mich als Kaufmann mit nachteiligen Folgen verknüpft sein konnte, wenn ich auf diesem sehr umstrittenen Gebiet schriftstellerisch tätig sein würde, und den Ehrgeiz, als Schriftsteller zu gelten, habe ich nicht.

Vor dem Kriege durfte ich diesen Standpunkt noch einnehmen. Nach Ausbruch des Krieges ließ sich diese Haltung nicht mehr rechtfertigen. Die furchtbare Zahl der durch die Kriegsfurie dahingerafften blühenden Menschenleben und anderseits die erschreckende Steigerung des brutalen Materialismus machten eine Veröffentlichung meiner Erlebnisse zur gebietenden Pflicht. Meine beruflichen Bedenken mußten zurücktreten.

Alle meine Erfahrungen zu publizieren, würde allzu umfangreich geworden sein. Ich beschränkte mich deshalb auf je einige Gruppenbeispiele und faßte sie zu einer Bekenntnisschrift zusammen. Diese Beispiele sind genau so niedergeschrieben, wie sie sich zugetragen haben. Ich habe nichts weggelassen und nichts hinzugefügt.

Die befürchtete berufliche Schädigung durch die Veröffentlichung meiner Erlebnisse blieb nicht aus. Es wurden mir aus diesem Anlaß einige geschäftliche Verbindungen von Bedeutung entzogen. Da ich diese Möglichkeit vorhergesehen hatte, wurde ich nicht davon überrascht und konnte die schädigenden Wirkungen durch passende Maßnahmen ausgleichen.

Die genannten geistvollen Herren, die meine Bekenntnisschrift einer vernichtenden Besprechung in der Tagespresse unterzogen hatten, noch bevor sie das Buch auch nur von außen gesehen haben konnten, haben inzwischen ausreichend Zeit gehabt, ihren ''Irrtum'' zu erkennen. Aber nicht einer von ihnen hat eine Richtigstellung vorgenommen. Ich habe es auch nicht anders von ihnen erwartet.

Als ich den Spiritismus kennengelernt hatte und seine Tatsachen anerkennen mußte, erfaßte mich ein grenzenloses Staunen, daß Geschehnisse von so riesengroßer Bedeutung für die Menschheit verborgen bleiben konnten. Ich glaubte, daß die Schuld dafür den Spiritisten beizumessen sei und daß sie für die Bekanntgabe nicht in ausreichender Weise gesorgt hätten.

In meinem Eifer verfaßte ich einen flammenden Aufsatz über meine Erlebnisse und sandte ihn an eine der gelesensten Tageszeitungen. Nach wenigen Tagen erhielt ich ihn zu meinem Befremden mit der Bemerkung zurück, daß jene Zeitung kein passender Boden für die Behandlung solcher Fragen sei. Mir erschien die Begründung als ein Vorwand. Ich mutmaßte, daß nur die von mir gewählte Form zu wünschen übrig lasse und daß der Aufsatz Aufnahme finden würde, wenn eine gewandtere Feder den gleichen Inhalt in ein besseres Gewand kleidete. Der Aufsatz wurde von berufener Hand umgearbeitet und derselben Zeitung nochmals eingesandt. Wiederum eine Ablehnung. Ich setzte mich nunmehr mit dem Hauptschriftleiter in persönliche Verbindung und erhielt den unerwarteten Aufschluß, daß er den Spiritismus und dessen Tatsachen kenne, daß er jedoch in seiner Zeitung nicht dafür eintreten könne, wenn er nicht Gefahr laufen wolle, sich mit dem größten Teil seiner Leser in Widerspruch zu setzen und zahlreiche Abonnenten zu verlieren.

Ich schickte denselben Aufsatz dann nacheinander an 16 führende Tagesblätter, und immer wurde in höflichen Ausdrücken abgelehnt.

Einige Monate später verfaßte ich unter einem Decknamen einen kleinen Aufsatz gegen den Spiritismus und ulkte über dessen Anhänger. Der Inhalt war von mir erfunden und aus der Luft gegriffen. Diesen Auffsatz sandte ich an drei Tagesblätter. Ich wünschte festzustellen, ob Abhandlungen über den Spiritismus grundsätzlich ausgeschlossen seien oder ob sich der Ausschluß nur auf Schriftsätze beschränkt, die sich für den Spiritismus aussprechen. Und das Erstaunliche geschah: Mein Aufsatz gegen den Spiritismus wurde in allen drei Tageszeitungen unverkürzt zum Abdruck gebracht.

Ein Ekel ergriff mich. Eine Abhandlung, in der ich über selbsterlebte spiritistische Tatsachen wahrheitsgetreu berichtete und alle Angaben mit meinem Namen und meiner Ehre deckte, auch zahlreiche Zeugen zur Bekräftigung nannte, wurde bedingungslos abgelehnt. Eine ebenfalls von mir verfaßte, aber erlogene und mit einem Decknamen gezeichnete Abhandlung gegen den Spiritismus wurde dagegen ungeprüft publiziert.

Unter diesen trüben Verhältnissen war es für mich nicht mehr verwunderlich, daß die Öffentlichkeit gegen den Spiritismus eingenommen sein mußte. Sie wurde einseitig mit Nachrichten gespeist, die den Spiritismus, seine Tatsachen und seine Anhänger herabzuwürdigen geeignet waren, während alle Ausführungen, die dafür Partei ergriffen, abgelehnt und unterdrückt wurden.

Damit fand gleichzeitig eine andere Erscheinung ihre Erklärung, nämlich, daß die Tagespresse auf jede Bucherscheinung gegen den Spiritismus in breiter Ausführlichkeit aufmerksam macht, aber mit ängstlicher Sorgfalt vermeidet, auch auf jene Bücher hinzuweisen, die die Gegenschriften gründlich widerlegen.

Auf diese Weise ist in der Öffentlichkeit künstlich die Auffassung großgezogen, als ob ein gewichtiges Gegenmaterial vorhanden sei und wir den Angriffen gegenüber machtlos wären. In Wahrheit ist das Verhältnis gerade umgekehrt. Die Zahl der Gegenschriften ist winzig klein, und die darin enthaltenen Einwendungen sind eine immer erneute Wiederholung bekannter Plattheiten.

Der ernsteste Gegner war Eduard von Hartmann. Sein in zahlreichen Schriften veröffentlichtes System wurde durch die spiritistischen Tatsachen gefährdet. Er fürchtete einen Zusammenbruch seines Pessimismus und seiner "Philosophie des Unbewußten". Um diesem Verhängnis nach Möglichkeit zu entgehen, wollte er uns mit Worten töten und schrieb eine 118 seitige Broschüre "Der Spiritismus". Die gesamte Tagespresse jubelte und bezeichnete diese Schrift als einen Todesstoß für den Spiritismus. Dieselbe Tagespresse verschwieg jedoch vollkommen, daß in dem rund 800 Seiten umfassenden zweibändigen Werk "Animismus und Spiritismus" von dem russischen Staatsrat Alexander Aksakoff eine vernichtende Widerlegung vorlag. Hartmann operiert mit unhaltbaren Behauptungen, und Aksakoff antwortet mit dem Schwergewicht methodisch geordneter Tatsachen. Hartmann hatte mit einer Gewehrkugel geschossen und Aksakoff erwiderte mit einem alles einebnenden Trommelfeuer.

Hartmann entgegnete auf die Aksakoff'sche Abfuhr durch eine Verlegenheitsschrift, betitelt "Die Geisterhypothese des Spiritismus und seine Phänomene". Er fühlte seine Niederlage, ließ die namentlichen Beweise unbeachtet, verstümmelte andere und verschanzte sich hinter advokatorischen Redensarten. Wir ließen den Gegner jedoch nicht von der Klinge. In bekannter glänzender Form beleuchtete Dr. Carl du Prel in der Reclam-Schrift "Der Spiritismus" die neuerlichen Darlegungen von Hartmann und zeigte deren Leere und Hohlheit.

So ward aus dem Todesstoße, den Hartmann uns versetzt haben sollte, ein historisches Denkmal für den Spiritismus, und die Tagespresse, die vorher gejubelt hatte, verschwieg der Öffentlichkeit diese Wendung der Dinge.

Mit den beiden Hartmann'schen Schriften erschöpft sich eine ernste Gegnerschaft gegen uns. So klein, so winzig ist die Zahl ernstzunehmender Gegenschriften. Was sonst in dieser Hinsicht noch vorhanden ist, ist an Zahl gering und inhaltlich so seicht, daß eine Widerlegung eine unverdiente Würdigung sein würde. Zwei typische Beispiele

"Vom Jenseits der Seele" von Max Dessoir und "Spiritismus ist Dämonismus" von der Internationalen Vereinigung ernster Bibelforscher will ich einer kurzen Betrachtung unterziehen.

Dies Schrift von Dessoir ist vor dem Kriege verfaßt und 1917 herausgegeben. Die Zwischenzeit belehrte ihn, daß durch den Krieg auf manchen Gebieten umgelernt werden mußte und daß die Öffentlichkeit durch den Zwang der Erlebnisse auch einer Prüfung des Spiritismus geneigter gegenübersteht.

Durch den Wandel hatte Dessoir den Anschluß verpaßt, und es war zu befürchten, daß seine Schrift nicht gekauft werden würde. Offenbar um diesem Mißstand zu begegnen, benannte er sein Buch "Vom Jenseits der Seele", ein Titel, der mit dem Inhalt im schreienden Widerspruch steht.

Dessoir sagt, daß Zeugnisse nur einen Wert haben, wenn sie sogleich ausgestellt werden. Dieser eigenen Forderung wird er nur an einer einzigen Stelle gerecht (Seite 140-147), wo er drei Sitzungen mit dem Medium Slade schildert. Die Sitzungen, denen er beigewohnt hat, fanden im Februar statt, und im März desselben Jahres veröffentlichte er seine Erlebnisse. Er gibt, wenn auch zurückhaltend, einen sachlichen Bericht von den Geschehnissen. Vier Jahre später bläst er schon zum Rückzug, der bald nachher zur panikartigen Flucht ausartet, indem er seine frühere Stellungnahme verleugnet und Slade zum Taschenspieler macht.

Für diesen sonderbaren Umfall gibt Dessoir selbst die Erklärung. Er sagt: "Wenn jemand anfangs gläubig gewesen war und sich später dessen schämt, so läßt er alles Überzeugende in der Erinnerung zurücktreten." Er hatte in seinen jüngeren Jahren offenbar angenommen, daß der Spiritismus ein geeignetes Gebiet sei, um mit Leichtigkeit ein berühmter Schriftsteller zu werden. Als er sich hierin getäuscht sah, sattelte er um, beschritt den entgegengesetzten Weg und wurde zum fanatischen Verleumder der Spiritisten und Medien. Er hatte herausgefunden, daß es leichter ist, mit dem Strom als gegen den Strom zu schwimmen.

Von nun an waren die Medien nur noch Taschenspieler und alle Spiritisten Einfaltspinsel. Auf diesen einen Satz läßt sich sein 324-seitiges Buch zusammenstreichen und ist zu einem bleibenden Wahrzeichen geworden, mit welcher Leichtfertigkeit Leute seiner Art ihren Mitmenschen, die in ernstem Streben nach Wahrheit ringen, ohne ausreichenden Grund die Ehre abschneiden.

Wenn die Medien von hervorragenden Wissenschaftlern und von wissenschaftlichen Kommissionen geprüft sind, die zu günstigen Ergebnissen kamen, und wenn die bedeutendsten Taschenspieler von Beruf beglaubigte Zeugnisse zugunsten der Medien ausstellten, so wird Max Dessoir nicht weiter dadurch gestört. Obgleich er nicht dabei gewesen ist, vermag er von seiner Berliner Schreibstube aus alles viel besser zu beurteilen. Was ihm nicht paßt, verschweigt er, und mit dem Rest spielt er mit Worten so lange Fangball, bis er ihn zur Taschenspielerei umgedeutet hat.

Nach seiner Darstellung sind die Medien geschäftskundige, schlaue und unübertroffene Taschenspieler. Wenn das der Fall wäre, würde es eine bodenlose Dummheit der Medien sein, sich von jedem Hans oder Franz oder Max verleumden zu lassen, anstatt die Taschenspielerei zum Beruf zu erheben, um reich und angesehen zu werden. Für dieses Rätsel bleibt Dessoir die Aufklärung schuldig.

Er bleibt aber noch viel mehr, sogar alles schuldig. Alle Somnambulen und Medien, denen er die Ehre absäbelt, als handle es sich um einen Fetzen Zeug, haben ausnahmslos den Beweis durch Tatsachen geliefert. Er allein operiert auf der ganzen Linie nur mit Worten und Behauptungen. Um ihm eine Gelegenheit zu geben, das Versäumte nachzuholen, richtete ich folgendes Schreiben an ihn:

"Ihr Buch 'Vom Jenseits der Seele' habe ich mit Aufmerksamkeit gelesen. Auffällig ist, daß Sie die Somnambulen und Medien ohne Ausnahme als Betrüger hinstellen und als Beweis mit Behauptungen antreten, im Gegensatz zu den von Ihnen angegriffenen Medien, die die Beweise durch Tatsachen erbrachten.

Ich glaube annehmen zu dürfen, daß es Ihnen nur an einer passenden Gelegenheit gefehlt hat, auch Ihrerseits den Beweis zu führen, und darum stelle ich Ihnen folgende drei Aufgaben zur Auswahl:

1. Ich nehme 10 Zettel, schreibe in Ihrer Abwesenheit auf jeden Zettel einen Namen oder ein Dingwort, stecke jeden Zettel in ein undurchsichtiges Kuvert, verschließe es und lege Ihnen dann nacheinander die 10 Briefumschläge mit Inhalt vor. Sie haben mir dann die Namen oder Dingwörter, die auf die Zettel geschrieben sind, zu nennen, ohne die Briefumschläge zu berühren oder zu durchleuten oder meiner Aufsicht zu entziehen.

2. Ein Tisch wird von Ihnen zum Schweben gebracht, ohne Berührung und ohne Anwendung irgendwelcher Mechanismen. Ich gestehe Ihnen das Recht zu, Ihre Fingerspitzen auf die glatte Platte des Tisches zu legen.

3. Ich kaufe drei langstielige Rosen oder andere Blumen, schließe mich damit in einem Zimmer ein, und Sie bewirken, daß diese Blumen ohne eine wahrnehmbare Ursache bei mir verschwinden und in einem anderen Zimmer derselben Wohnung erscheinen.

Diese Aufgaben wurden von Medien bei heller Beleuchtung gelöst, wobei ich der Experimentator war. Sie haben teils gleiche Erfahrungen gemacht. In keinem Falle bestreiten Sie diese Vorkommnisse, sondern bestätigen sie, nur mit dem Unterschied, daß Sie sie auf Taschenspielerei zurückführen, für die Sie die Tricks genau kennen.

Es wird Ihnen somit ein Leichtes sein, alle drei Aufgaben zu lösen. Es genügt mir jedoch, wenn Sie nach Ihrer Wahl eine lösen, und für die Lösung zahle ich Ihnen 20.000 Mark. Es ist ein Preis, der noch niemals einem Medium geboten wurde.

Da ich auch in diesem Falle der Experimentator sein würde, so sind die Bedingungen die gleichen wie bei jenen Medien, und da ich obendrein Spiritist bin, so wird Ihnen die Lösung um so leichter gelingen, als Sie diese Gruppe wörtlich wie folgt schildern: "Die Spiritisten befinden sich von vornherein in einer Stimmung, in der sie einerseits alles, selbst das Unglaubliche, für möglich, anderseits alles, selbst das Einfachste, für wunderbar halten."

Zur gegenseitigen Sicherung hat jede Partei das Recht, drei Zeugen mitzubringen.

Sie haben nicht die Wahl abzulehnen, sondern aufgrund Ihres Buches 'Vom Jenseits der Seele' haben Sie die Pflicht, für Ihre Behauptungen den Beweis zu führen, und somit erwarte ich Ihre Nachricht, wann Ihnen die Ausführung eines der Experimente passend ist. Sie haben gleichzeitig dieselbe Vergünstigung, die Zöllner dem Medium Slade zugestanden hat und die Sie mit folgenden Worten kennzeichnen: "Slade wußte also genau, worauf es ankam, und hatte Zeit gehabt, sich vorzubereiten."

Eine Antwort habe ich, wie zu erwarten stand, nicht erhalten. Es ist eben viel leichter, mit Worten und Behauptungen zu operieren, als den Beweis zu führen.

Das Buch "Vom Jenseits der Seele" hat den Wert von Makulatur. Nach dem Lesen hat man den Eindruck, wie wenn man einen Trödelladen durchwandert hat, wo anderweitig fortgeworfene Dinge gesammelt sind und für kleine Münze feilgeboten werden.

"Spiritismus ist Dämonismus" ist eine 104-seitige Broschüre, die 1917 herausgegeben wurde und von einer kleinen amerikanischen Gesellschaft stammt, die sich Internationale Vereinigung ernster Bibelforscher nennt. Die spiritistischen Tatsachen, auch die Materialisationen, werden ohne Einschränkung als wahr anerkannt, und es wird hervorgehoben, daß die Anhängerschaft des Spiritismus in allen Ländern fortlaufend ungeheuer im Wachsen begriffen ist.

Durch Einflechtung einiger Anekdoten ist man bestrebt, den Spiritismus in ein falsches Licht zu setzen. In der Hauptsache ist man jedoch bemüht, klarzulegen, daß die spiritistischen Erscheinungen nicht von verstorbenen Menschen herrühren können, sondern von gefallenen Engeln verursacht werden, die imstande sind, alle bekannten spiritistischen Geschehnisse hervorzurufen, sich auch verkörpern können und dabei die Gestalt, die Züge und die Sprache verstorbener Menschen anzunehmen vermögen.

Die Begründung ist folgende: Die Menschen sind nach ihrem Tode wirklich tot. Erst nach undenklicher Zeit, wenn die Posaune des Gerichts erschallt, werden sie wieder erweckt. Wenn nun die verstorbenen Menschen bis auf weiteres tot, völlig tot sind, so können sie sich natürlich auch nicht durch Medien wahrnehmbar machen, und so müssen die Urheber der spiritistischen Kundgebungen nach diesen Bibelforschern gefallene Engel und Dämonen sein.

Eine Reihe von Bibelstellen wird dafür ins Feld geführt. Ob sie wirklich passen oder nicht, ist nebensächlich, die Hauptsache ist, daß die Zahl der herangezogenen Bibelstellen groß ist und daß man sie so deutet, wie man sie haben will. Auch hier zeigt es sich, mit welcher Willkür verfahren wird und mit welcher peinlichen Sorgfalt man es vermeidet, jene zahlreichen Bibelstellen zu erwähnen, die das gerade Gegenteil beweisen, und die, wie beispielsweise 1. Kor. 12, 4-11, ausdrücklich auf die Verleihung und den Gebrauch der medialen Kräfte als göttliche Gaben hinweisen.

Über den Ausspruch, mit dem Jesus den Übeltäter neben ihm am Kreuze tröstete, können sie trotz aller Spitzfindigkeit nicht hinwegkommen. "Wahrlich, ich sage dir: Heute wirst du mit mir im Paradiese sein" (Luk.23,43). Damit ist mit aller wünschenswerten Klarheit betont, daß wir persönlich weiterleben, auch der Übeltäter, und daß das Weiterleben sofort und im unmittelbaren Anschluß stattfindet. "Denn so die Toten nicht auferstehen, so ist Christus auch nicht auferstanden" (1.Kor.15,16). Also sind die Toten auch nach der Bibel nicht tot, sondern sie leben und sind lebendiger denn je zuvor.

"Spiritismus ist Dämonismus" ist eine seichte Tendenzschrift von orthodoxer Engherzigkeit.

Wer die drei erwähnten Gegenschriften kennt, besitzt die Sammlung aller Einwendungen, die in Wiederholung immer erneut gegen uns geltend gemacht werden, wie wenn es sich um Neuheiten handle, während sie in Wirklichkeit vor 50 Jahren schon veraltet waren. So armselig ist das Material unserer Gegner.

Von einem sonst ganz unbekannten Wanderredner Joachim Bellachini in Berlin-Friedenau, der mit dem verstorbenen Hoftaschenspieler Bellachini weder verwandt noch bekannt ist, aber aus der Namensgleichheit geschäftlichen Nutzen zieht, ist eine kleine Broschüre "Geheime Wissenschaften" verfaßt, die er gelegentlich seiner Wandervorträge zu ermäßigtem Preise verkauft. Um zu zeigen, mit welchen verwerflichen Mitteln die Gegenseite arbeitet, führe ich den nachstehenden Absatz aus dieser Broschüre im Wortlaut an: "Zöllner trat groß und gewaltig für seine Überzeugung ein. Slade hatte dem großen Physiker den unumstößlichen Beweis von der Existenz einer vierten Dimension erbracht, und Zöllner nahm den Kampf gegen eine Welt von Zweiflern auf, einen Kampf, den schließlich die gesamte Wissenschaft gegen Zöllner führte. Er, der Größten einer auf geistigem Thron, war das tragische Opfer eines gewissenlosen Schwindlers geworden. Professor Zöllner sollte auf Veranlassung des sächsischen Kultusministeriums auf seinen Geisteszustand geprüft werden, der Überführung ins Irrenhaus entzog er sich dadurch, daß er Gift nahm. Am Flügel sitzend, mit lauter Stimme einen Choral singend, fand ihn der von der Regierung beauftragte Psychiater, der gekommen war, festzustellen, daß Zöllners Geist nicht normal sei. Das Glas Wasser, welches das Gift enthielt, stand neben Zöllner und war ausgetrunken. Beim Tode Slades in einem Londoner Hospital, wo er arm und unter falschem Namen Aufnahme gefunden, soll sich herausgestellt haben, daß dieser große Betrüger zu den seltenen Wundern zählte, die die Natur in ihren merkwürdigsten Launen zeitigt. Slade war eine Mißgeburt, er soll einen dritten Arm besessen haben, der ihm zur Hüfte herauswuchs, und mit dessen Hilfe es ihm möglich war, unter dem Tisch Schriften zu erzeugen, während seine beiden normalen Arme für jedermann sichtbar auf dem Tisch lagen."

Es genügt, diese schamlosen Verdächtigungen niedriger zu hängen. Doch noch mehr. Um sich interessant zu machen und um den weiteren Anschein zu erwecken, als ob die Spiritisten Tölpel seien, bringt Joachim Bellachini in der gleichen Broschüre auf acht Druckseiten einen ausführlichen Bericht, wie er sechs Herren, die er nur dem Berufe nach nennt, durch eine Anzahl verschiedenartiger antispiritischer Vorführungen zu dem Glauben gebracht hat, daß es sich um spiritistische Kundgebungen handle und er ein hervorragendes Medium sei. Der Bericht trägt in allen seinen Einzelheiten den Stempel der Unwahrheit an der Stirn. Ich richtete deshalb folgendes Schreiben an Joachim Bellachini:

"In Ihrer Broschüre 'Geheime Wissenschaften' geben Sie auf Seite 25-32 einen Bericht, nach welchem Sie einem populären Komponisten, einem bekannten Schriftsteller, einem renommierten Zahnarzt, einem Kriminalkommissar, einem Universitätsprofessor und einem Bankvorsteher eine Reihe von antispiritistischen Experimenten vorgeführt haben wollen, die von den Teilnehmern gläubig als spiritische Kundgebungen aufgefaßt worden sein sollen.

Ich bitte Sie um Nennung der Namen und Adressen jener sechs Herren, um Ihren Bericht einer Prüfung zu unterziehen. Ich betone gleichzeitig, daß ich die Namen nur zum Zwecke der erwähnten Nachprüfung kennzulernen wünsche. Darüber hinausgehend werde ich einen Gebrauch irgendwelcher Art von jenen Namen nicht machen.

Ich halte Ihren Bericht von Anfang bis zu Ende für Windbeutelei, erkläre mich für diesen Ausdruck jedoch vorweg zu jeder gewünschten Genugtuung bereit, wenn ich mich geirrt haben sollte."

Eine Antwort habe ich erklärlicherweise nicht erhalten. Es ist erstaunlich, daß unsere Gegner glauben, einen Freibrief zu besitzen, um mit Unwahrheiten und Verdächtigungen aller Art gegen uns vorzugehen. Welcher Lärm würde einsetzen, wenn ein Spiritist auch nur zu einem Bruchteil mit derartigen Lügen operieren würde. Wir werden sogar geschmäht, wenn wir mit wahrheitsgetreuen Berichten antreten.

In gebildeten Kreisen bricht sich die Erkenntnis immer mehr Bahn, daß diese Gegner mit ihrem Kampf gegen den Spiritismus nur eigensüchtige Zwecke verfolgen und daß sie vor keinem Mittel zurückschrecken, um zu verhindern, daß die spiritistische Literatur bekannt wird. Sie wissen, der schwerste Schlag, der ihrer hinterhältigen Wühlarbeit versetzt werden kann und der ihrem Schlagwörterfeldzug den Garaus machen würde, ist die Kenntnis dieser Literatur.

Zweier Männer muß insbesondere gedacht werden, die durch ihre Tätigkeit für den Somnambulismus und Spiritismus in Deutschland bahnbrechend gewirkt haben: der russische Wirkliche Staatsrat Alexander Aksakoff und der Philosoph Freiherr Dr. Carl du Prel.

Aksakoff war unermüdlich bestrebt, Tatsachen zu sammeln und bekanntzugeben, während du Prel das Gebiet der Tatsachen durch glänzende Erklärungsweisen unserem Verständnis zu erschließen wußte.

Die Masse des Volks bestreitet die Existenz der ihr befremdlich erscheinenden Tatsachen. Aus dem erwähnten Werke "Animismus und Spiritismus" von Aksakoff wird sie mit Staunen ersehen, daß die Voraussetzung ihrer Ablehnung unhaltbar und von systematisch geordneten Tatsachen in überreicher Fülle und Vielseitigkeit und von ungeahnter Größe und Beweiskraft durch ernste und führende Männer beseitigt ist.

Die Streitfrage, die von Gegnern immer erneut aufgeworfen wird, ob die okkulten Tatsachen wirklich vorhanden sind, ist zugunsten des Somnambulismus und Spiritismus längst entschieden. Das Werk "Animismus und Spiritismus" ist dafür ein klassisches Denkmal.

Eine andere Frage ist es, welche Deutung man den unbestreitbaren Tatsachen geben will. Es ist ratsam, auch in dieser Hinsicht nicht vorschnell zu urteilen.

Zahlreiche Denker von Ruf aus allen Landen haben in bezug auf

Erklärungsweisen unschätzbare Pionierarbeit geleistet und sind im Widerstreit der Erkenntnisse zu immer reiferen Auffassungen gelangt.

Den bis dahin vornehmsten Ausdruck für die Erklärungen bietet du Prel. Der logische Aufbau, die scharfsinnigen Schlüsse und die klare, flüssige Sprache machen das Studium seiner Werke zu einem Genuß seltener Art. Seine Schriften sind eine reiche Quelle zur Erweiterung des eigenen Wissens. Sie sind gleichzeitig eine Fundgrube für Literaturhinweise und für ergänzende Tatsachen in nahezu unerschöpflichem Umfange.

Ebenso wird man aus den Schriften von du Prel ersehen, daß alle Einwände, von denen man vermutet, daß sie von den Anhängern nicht beachtet worden seien, in weitestgehender Weise und von allen Seiten einer scharfen Beleuchtung unterzogen sind. Du Prel ist einer der wenigen Philosophen, der die Philosophie aus dem Sumpfe des Wortgefechts und der Haarspalterei wieder auf gesunden und fruchtbaren Boden verpflanzt hat.

Wer ein eigenes Urteil über den Somnambulismus und Spiritismus fällen will, muß mindestens die Werke von Aksakoff und du Prel gelesen haben. Er wird dann mit Verwunderung erkennen, daß man auch ohne praktische Erfahrung allein schon aus dem Studium dieser wenigen Schriften sich die sichere Überzeugung bilden kann, daß der Somnambulismus und Spiritismus eine Wahrheit sind und daß deren Tragweite die jeder anderen Frage überragt.

Jede große Wahrheit hat in ihrer Entwicklung zunächst einen harten Kampf um ihr Daseinsrecht zu führen. Die Geschichte liefert zahlreiche Beispiele. Der Spiritismus hat die Entwicklungsphase bereits überwunden, ja, der Kampf ist schon so weit vorgedrungen, daß wir zur Entscheidung antreten können. Taten reden lauter als Worte, und darum werden der Somnambulismus und Spiritismus siegend aus dem Endkampfe hervorgehen. Eine neue Weltanschauung voll lebensspendendem Inhalt und eine Verjüngung unseres Kulturlebens werden die Folge sein.

Aus unserem Programm

ISBN 3-923781-09-1
farbig broschiert
156 Seiten, DM 18,80

Hinrich Ohlhaver

Die Toten leben

Dieses Buch macht den Leser mit Deutschlands wohl erstaunlichstem Medium bekannt. Unter den vielen medialen Fähigkeiten, die Elisabeth Tambke ausübte, sind die durch sie bewirkten Materialisationserscheinungen Verstorbener wohl die in ihrer „Leibhaftigkeit" bemerkenswertesten gewesen, die je auf deutschem Boden demonstriert worden sein dürften.

Trutz Hardo: Wohl kaum ein anderes Buch vermag den Leser von einem Leben nach dem Tod und vom Vorhandensein einer Geisterwelt nachhaltiger zu überzeugen.

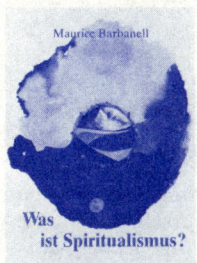

ISBN 3-923781-15-6
mehrfarbig broschiert
256 Seiten, DM 27,80

Maurice Barbanell

Was ist Spiritualismus?
– übersetzt von Rudolf Meldau –

Der Autor ist das Medium von „Silberbirke". Er war als Journalist und Verleger jahrzehntelang der Herausgeber von Psychic News und hat als solcher die besten Medien seiner Zeit kennenlernen dürfen. Dieses höchst aufschlußreiche Buch gehört zu den überzeugendsten Darstellungen der Tatsache, daß es ein Leben nach dem Tod nicht nur gibt, sondern daß unsere Verstorbenen aus dem Jenseits durch ihre Kommunikation mittels Medien tatsächlich ihre Identität beweisen können.

ISBN 3-923781-03-2
mehrfarbig, broschiert
268 Seiten, DM 29,80

Anthony Borgia

Das Leben in der unsichtbaren Welt

Unternehmen wir zum erstenmal – sagen wir – eine Reise nach Amerika, so erscheint es uns zweckdienlich, uns vorher über jenes Land zu informieren, um uns bei unserer Ankunft besser zurechtzufinden. In das Land des Jenseits, jener uns nach unserem irdischen Tod erwartenden „Geistigen Welt", müssen wir aber alle einmal reisen!

HINWEIS:
Im Sommer 1988 wird der Folgeband erscheinen

Verlag „DIE SILBERSCHNUR", D-5451 Melsbach/Neuwied, Gartenstraße 15

ISBN 3-923781-02-4
mehrfarbig, broschiert
90 Seiten, DM 16,80

Elisabeth Kübler-Ross

Über den Tod und das Leben danach

Zum erstenmal werden mit diesem Buch die Ergebnisse zum Thema „Über den Tod und das Leben danach" veröffentlicht, zu denen die berühmte Wissenschaftlerin und Ärztin Dr. ELISABETH KÜBLER-ROSS nach vielen Jahren des Erforschens an den Betten Sterbender gelangte.

„Ich glaube, es ist jetzt Zeit, daß die Leute wissen, daß der Tod gar nicht existiert, wenigstens nicht so, wie wir uns das vorstellen."

ISBN 3-923781-18-0
farbig broschiert,
124 Seiten, DM 17,80

Hans Sperling

Was die Welt im Innersten zusammenhält

– Versuch eines ganzheitlichen Weltbildes –

Der vielseitig gelehrte Dr. Hans Sperling, der mit über dreihundert Veröffentlichungen auf verschiedenen Gebieten hervorgetreten ist, schreibt am Ende seines Lebens ein Buch, in welchem er den Versuch unternimmt, die Erscheinungen dieses und des jenseitigen Lebens zu einem ganzheitlichen Weltbild zu verknüpfen.

ISBN 3-923781-17-2
farbig broschiert
92 Seiten, DM 15,80
(erscheint im Sept. 1987)

Harold Sharp

Auch Tiere überleben den Tod

Indem das berühmte hellsichtige Medium Harold Sharp seine Erlebnisse mit „verstorbenen" Tieren erzählt, führt er zugleich den Beweis, daß Tiere den Tod überleben und sich aus ihrer jenseitigen Welt ihren irdischen Freunden bemerkbar machen oder zeigen können. Zugleich vermochte es der Autor, mit seinem Astralkörper das Jenseits aufzusuchen und das Erlebte in Erinnerung zu behalten. Somit haben wir in diesem Buch auch einen authentischen Bericht vorliegen über das Leben der Tiere in der jenseitigen Welt.

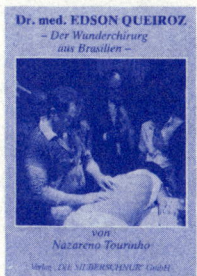

ISBN 3-923781-16-4
mehrfarbig broschiert
176 Seiten, DM 24,80

Gertrud Walter

Unterwegs zur menschlichen Ganzheit

– Eine physisch spirituelle Fastenanleitung –

Dieses auf Erfahrungen der Autorin begründete Buch gibt dem Leser Anweisungen, wie er durch verschiedene Fastenmethoden an Leib und Seele Nutzen für sich ziehen kann.

Vor allem derjenige, der nach spirituellen Erfahrungen sucht, findet hier über die anschaulich dargestellten praktischen Anleitungen hinaus ein komplettes Programm zum Wecken und Entfalten seiner übersinnlichen Begabungen. Ein Fastenbuch also, das es für geistig Suchende und Esoteriker bislang nicht gab und das manchen in seiner Entwicklung weiter bringen wird.

ISBN 3-923781-10-5
mehrfarbig broschiert
220 Seiten, DM 23,80

Adalbert Töpper

Die Erfahrbarkeit außerkörperlicher Daseinsebenen

In diesem Buch beschreibt der Autor seine Reisen, die er mit seinem Astralkörper durchführte. Seine Anleitungen dürften manch einen dazu ermutigen, ähnliche aufregende Versuche in neue Dimensionen unternehmen zu wollen.

Zum anderen berichtet der Verfasser über seine für ihn so offenbarungsvollen Erlebnisse mit englischen Medien.

ISBN 3-923781-06-7
vierfarbig broschiert
60 Seiten, DM 11,80

Walter Vogt

Du bist Dein Weg

– Meditation –
mit Illustrationen von Didier Guedron

Dieses Büchlein vereinigt tiefsinnige Verse und Sprüche, die den Menschen auf der Suche nach ihrem wahren Selbst behilflich sein werden. Viele Worte des Autors Walter Vogt, der sich schon durch drei weitere Publikationen – im Eigenverlag erschienen – einen Namen gemacht hat, geben im wahrsten Sinne des Wortes „zu denken".

Wir senden Ihnen gerne unser vollständiges Verzeichnis